monograph

Editor's note

있었던 일을 기록하고, 있어야 했던 일과 있을 법했던 일을 더하면 그날의 일기가 된다. 일기는 사실의 기록보다 차라리 회오와 성찰에 가깝다. 매일 밤 일기를 쓰기 위해 책상 앞에 앉던 시절엔 홀로 나를 대면한 시간이 적어도 하루 10분은 있었던 셈이다. 대학을 졸업하고 사회에 나오면서 언제부턴가 내 기분이나 감정, 오늘의 의미에 대해 돌아보기를 멈추었다. 그리고 시선을 외부에 고정했다. 그러기를 몇 년, 이제 나에 대해 말하는 것만큼 민망하고 어색한 일이 없다. 이 글을 쓰는 지금도 그렇다.

이번 호를 준비하면서 몇 번의 컬처 쇼크가 있었다. 우리가 만난 현역 래퍼, 평론가, 래퍼 지망생, 힙합 골수팬 들은 일기에서도 좀처럼 찾기 힘든 말을 태연하게 뱉었다. "내가 짱이니까"라며 초면부터 으스대더니, "그를 리스펙트하니까"라며 누군가를 한없이 치켜세우다가, "난 좀 쩌는 인간이니까"라며 다시 뻐겼다.

티브이나 신문에서 접할 때는 그러려니 했는데 막상 마주 앉아 일상 언어로 들으니 느낌이 또 달랐다. 겸손이 미덕인 사회에서 30년 넘게 살다 보니 내 멋에 살던 나도 선비가 다 되었다. 빈지노는 나 같은 사람들 때문에 이 나라에서 음악을 하기가 힘들단다.

일기와 랩 가사는 둘 다 자기 고백을 담는다. 다만 쓰는 목적이 다를 뿐이다. 빈지노는 열세 살부터 일기장에 가사를 썼다. 아이유 노래의 가사를 달달 외운다고 해서 아이유가 어떤 사람인지 알기는 쉽지 않지만, 빈지노의 가사에선 그의 유년과 학창 시절, 성장한 동네, 이상형, 고민, 취향, 라이프 스타일 등 사적인 영역을 엿볼 수 있다. 일반적인 노래 가사와 달리 랩 가사는 철저히 논픽션이다. 일기장의 어느 대목과 같다.

Beenzino

타인에게 내 치부와 포부를 드러낼 수 있는 사람은 많지 않다. 래퍼들이 가사를 썼다 지웠다 하면서 맞은 새벽은 자아 성찰과 다짐으로 지새운 밤과 동의어다. 그렇게 살아온 사람의 자존감은 분명 남다를 수밖에 없다. 자존이 있기에 존중을 말할 수 있는 것이다.

힙합이 대세라지만 여전히 티브이 뉴스를 보면 자존보다 자조가 만연하다. '3포 세대'와 '흙수저'에게 '쇼 미 더 머니'는 신기루일지 모른다. 그러나 힙합의 메시지는 바닥부터 천장까지 올라왔다는 성공담이나 자기 과시가 전부는 아니다. 절박한 현실을 견디며 그 안에서 한 가닥 희망을 얘기하는 래퍼들이 더욱 많다. 공감은 가장 힘이 센 위로다. 이들이 내밀한 언어로 수없이 고쳐 쓴 가사가 값싼 힐링을 말하는 책보다 감히 낫다고 믿는다.

지난 두 달간 힙합을 귀에 달고 살았다. 그럼에도 이번 호가 '좀 쩐다'는 말은 차마 입이 안 떨어져 못하겠다. 나는 아직 멀었다. 재지팩트의 'Kissinterlude'가 흐른다. 마침 첫눈이 내린다.

김혜진

CD.1

CD.2

내 것이었으면 🙊의 💰

🙈의 fan 🙉의 랩 🙊 기

🙊가 받는 공연 1회당 💸

🙉의 계좌 줄이 길게 선

가득 쌓인 🙊의 🎁 🙈의

🙊의 flow 🙉의 😀 ☺️

🙈의 몸매 🙈의 IQ 👻🎓

지나갈 때 🙊의 기분 👀

딱 10분만이라도 10분만

앞에 나는 나인 걸 그래

10분만이라도 어떻게 😈

🙈의 차 🐵의 옷
사는 24/7 everyday
💰와 🙈의 스케쥴
공연장 정문 대기실에
인기 🙈의 위치 🙊의 톤
🙊의 스타일 🙈의 얼굴
🙉의 서울대 👯 대 앞을
🙈로 살아봤으면 🏃💨
이라도 하지만 거울
그냥 나는 나인 걸 🚶
입어보고 꾸며 봐도 👿

DROP
the beat

1973년 8월의 어느 밤이었다. 자메이카에서 건너온 DJ 쿨 허크는 흑인과 히스패닉이 주로 거주하는 뉴욕 브롱크스의 한 아파트에서 열린 파티에 참가했다. 그는 자메이카에서 하던 방식 그대로 턴테이블을 돌렸다. 당시 유행하던 소울, 펑크 뮤직에서 타악기 리듬을 분리해 흥이 넘치는 음악을 만들었다. 입담 좋은 DJ는 마이크를 잡고 분위기를 돋우는 멘트를 날렸다. 새로운 파티 문화는 이내 거리를 점령했다. 뒷골목마다 앰프가 설치되고 스프레이 페인트로 갈겨쓴 형형색색의 낙서가 벽을 메웠다. DJ가 음악을 틀고 마이크를 잡으면 누군가 리듬에 맞춰 브레이크 댄스를 췄다. 그렇게 수많은 유색 인종의 웃음과 눈물, 헤아릴 수 없이 많은 음악이 얼기설기 모여 힙합이라는 모양새를 갖춰 나갔다.

80년대로 접어들면서 힙합은 대중음악 시장에 진입했고, 90년대 말 '골든 에라Golden Era'를 거치며 가장 잘 팔리는 음악이 되었다. 2000년대 이후는 힙합 차트가 곧 팝 차트인 시대다. 힙합은 어떻게 그 짧은 기간에 미국의 음악을 넘어 세계적 문화 현상이 될 수 있었을까.

웨스트 코스트의 갱스터 래퍼 아이스-티는 말했다. "Hiphop didn't invent anything, RE-invent everything." 그의 말처럼 힙합은 아무것도 창조하지 않았다. 모든 것을 재창조할 뿐이다. 이 괴물 같은 장르의 역사를 써 가는 대표 아티스트들을 소개한다.

COMPACT

disc

DIGITAL AUDIO

GEMA
BIEM

Dr.Dre

2015년 8월 힙합 팬들의 오랜 염원이 이뤄졌다. 닥터 드레가 16년 만의 신보이자 마지막 앨범이라 선언한 〈Compton〉을 발표한 것이다. 힙합 역사에서 닥터 드레가 차지하는 위상은 독보적이다. 그는 힙합의 무게 중심을 미국 동부에서 서부로 옮기고, 또 전 세계로 퍼뜨린 전설이자 현역 래퍼.

캘리포니아 주에서 범죄율이 높기로 유명한 소도시 컴튼에서 자란 그는 클럽 DJ로 활동하던 1980년대 후반 아이스 큐브, 이지-이, MC 렌, DJ 옐라와 함께 N.W.A(Niggaz Wit Attitudes)를 결성한다. 이들은 매일 목숨을 위협받는 전쟁터 같은 삶을 가사에 고스란히 담았다. 폭력, 마약, 여자, 경찰, 자기 과시로 점철된 '갱스터 랩'은 억압받던 흑인들에겐 짜릿한 대리 만족을, 백인들에겐 신선한 충격을 선사하며 엄청난 성공을 거둔다.

그러나 N.W.A의 프로듀서였던 닥터 드레는 수익 배분에 따른 불화로 팀을 탈퇴하고, 1991년 슈그 나이트와 함께 '데쓰로우 레코즈'를 설립한다. 당시 이스트 코스트에는 퍼프 대디와 더 노토리어스 비아이지(이하 '비기')가 속한 '배드보이 레코즈'가, 웨스트 코스트에는 닥터 드레와 투팍이 속한 '데쓰로우 레코즈'가 있었다.

투팍과 비기의 랩 배틀이 한창일 무렵 닥터 드레는 첫 솔로 앨범을 준비하고 있었다. 객원 래퍼를 찾던 중 스눕 독의 믹스테이프(자유 형식의 비정규 앨범)를 듣고 그를 수소문한다. 당시만 해도 무명의 신인이던 스눕 독은 강아지 캐릭터 스누피를 닮아 어릴 때부터 스눕 도기 독으로 불렸다. 그러나 별명처럼 순탄한 삶은 아니었다. 마약을 팔다 감옥을 들락거렸고, 성매매 여성들을 거느린 포주 생활도 했다. 스눕 독은 드레가 만든 화려한 비트 위에 흥이 넘치다 못해 나른하기까지 한 개성 있는 플로우로 갱스터의 삶을 노래했다. 1992년 닥터 드레는 첫 정규 앨범 〈The Chronic〉을 발표한다. 둔중한 드럼과 베이스 라인에 말초 신경을 자극하는 신시사이저를 입힌 이 느릿하고 중독적인 음악은 300만 장 이상 팔렸다. 1990년대를 주름잡은·지-펑크의 탄생이었다. 이어 닥터 드레가 프로듀싱을 맡은 스눕 독의 데뷔 앨범 〈Doggystyle〉 역시 〈The Chronic〉을 능가하는 지-펑크 클래식이라는 평가를 받으며 빌보드 사상 최초로 발매 첫 주에 1위를 기록했다.

1997년 닥터 드레는 데쓰로우를 떠나 자신만의 독자적 레이블 '애프터매스 레코즈'를 설립한다. 이곳에서 또 한 명의 천재를 알아본다. 데뷔 앨범의 실패와 개인사로 어려움을 겪은 백인 래퍼 에미넴은 닥터 드레가 프로듀싱한 'My Name Is'로 빌보드 차트와 그래미 트로피에 이름을 올렸다. 이후에도 50센트, 켄드릭 라마 등 걸출한 신예들을 발굴해 힙합의 미래를 짊어질 랩 스타로 키웠다.

1999년 닥터 드레는 7년 만에 발표한 두 번째 정규 앨범 〈2001〉로 진화한 지-펑크가 무엇인지를 증명했다. 완벽에 가까운 프로듀싱으로 모든 트랙을 명곡 반열에 올렸다. 사업 수완도 출중했다. 2008년 오디오 장비 업체 '비츠 일렉트로닉스'를 설립해 큰 수익을 냈다. 수영 선수 박태환의 헤드폰으로 잘 알려진 '비츠 바이 닥터 드레'의 성공에는 탁월한 성능과 디자인보다 닥터 드레라는 이름값이 크게 작용했다. 이후 애플이 비츠 일렉트로닉스를 인수하면서 닥터 드레는 '힙합계 첫 십억만장자' 대열에 들어선다. 인수 금액은 무려 32억 달러였다.

Nas vs Jay-Z

90년대 힙합의 '골든 에라'를 이끈 비기와 투팍의 랩 배틀
은 결국 둘 다 총격으로 사망하는 비극적 결말을 맞았다.
이후 빈 왕좌를 차지하려는 새로운 라이벌이 등장했다. 뉴
욕 브루클린 출신의 나스와 제이지다. 그러나 이들의 배틀
은 서로에게 상처보다는 영광을 안겼다.

싸움의 시작은 1996년으로 거슬러 올라간다. 나스는
첫 앨범 〈Illmatic〉의 호평으로 성공 가도를 달리고 있었
다. 당시 락카펠라 레코즈를 이끌던 제이지는 데뷔 앨범
을 준비하면서 나스에게 피처링을 제안했지만 그는 녹음
실에 나타나지 않았다. 제이지는 첫 번째 싱글인 'Dead
President II'에 나스의 곡을 샘플링해 그의 목소리를 코러
스처럼 썼다. 노래는 성공을 거뒀고, 샘플링 비용과 앨범
크레디트 문제로 둘의 관계에 금이 가기 시작했다.

이듬해 3월 비기가 숨지면서 나스와 제이지의 라이벌 구
도가 형성된다. 비기와 고등학교 동창이자 절친한 사이였
던 제이지는 'The City Is Mine'이라는 곡으로 애도를 표
하며 자신이 비기의 뒤를 잇는 차세대 주자임을 알렸다.
한편 비기와 경쟁 관계였던 나스는 'We Will Survive'를
통해 세상을 떠난 동료를 그리워하면서도 힙합 씬이 점점
망가지고 있다며 제이지를 간접 비난했다. 이후 제이지가
한 콘서트를 통해 선전 포고를 했다. 나스와 돈독한 사이
인 프로디지가 춤을 추는 사진을 걸어 놓고 '내가 마약 팔
고 있을 때 너는 발레리나였지' 등의 가사로 모욕감을 선
사한 것이다. 이에 격분한 나스는 라디오에서 프리스타일
랩을 통해 제이지를 '뉴욕의 가짜 왕'이라고 받아쳤다.
이후 둘은 정규 앨범을 통해 본격적으로 필살기를 준비한
다. 먼저 〈The Blueprint〉를 발표한 제이지는 카니예 웨스

트가 빚어낸 'Takeover'의 비트 위로 '10년 동안 좋은 앨
범이라고는 하나뿐'이라며 '처음엔 반짝했지만 지금은 쓰
레기'라고 나스를 맹공격했다. 석 달 뒤 나스는 다섯 번째
앨범 〈Stillmatic〉을 통해 반격에 나섰다. 그는 'Ether'에
서 제이지가 비기의 라임을 훔쳐 쓰고 있다고 조롱하는 한
편 제이지와 락카펠라를 '게이지와 칵카펠라'로 패러디했
다. 2001년 나란히 발표된 둘의 정규 앨범은 흥행 면에서
엄청난 성공을 거둠과 동시에 힙합 잡지 《소스》에서 마이
크 다섯 개 만점을 동시에 받는 기염을 토했다.

이들의 싸움은 2003년을 기점으로 소강상태에 접어들
었다. 제이지가 8집 〈The Black Album〉을 끝으로 잠정
은퇴를 선언하고 사업가로 보폭을 넓히는 동안 나스는
2004년 7집 〈Street's Disciple〉을 발표하고 음악적 커
리어를 구축하는 데 힘썼다.

그러나 2005년 제이지는 은퇴를 번복하고 'I Declare
War'라는 콘서트를 통해 복귀한다. 공연 말미에 그는 깜
짝 게스트로 나스를 소개했다. 둘은 싸움의 발단이 된
'Dead President II'를 함께 부르며 5년간의 배틀에 영화
같은 마침표를 찍었다. 이 공연은 아직도 힙합 역사상 가
장 위대하고 놀라운 무대 중의 하나로 회자된다. 이후 나
스가 제이지의 데프잼 레코딩스와 계약을 맺으며 둘은 라
이벌에서 파트너로 거듭났다.

디스 랩은 이기기 위해 하는 것이다. 목숨을 걸었다 해도
과언이 아닐 만큼 혼을 담은 디스곡을 발표하며 두 래퍼의
기량이나 인지도 모두 엄청나게 상승했다. 'Takeover'외
'Ether'는 힙합 역사상 손꼽히는 수작이었고, 둘의 배틀은
2000년대 초반 문화계를 이끄 해 사이 언슷연다

Kanye west

카니예 웨스트는 이제 설명이 필요 없는, 아니 설명하자면 너무 길어지는 아티스트다. 동부와 서부가 힙합을 양분하던 시절부터 자신만의 길을 개척해 온 그는 이제 힙합을 넘어 문화계에서 '신의 영역'을 구축했다. 그의 여섯 번째 정규 앨범 제목은 〈Yeezus〉. 한국 팬들은 그를 '칸예수'라 부른다.

흑인 빈민가에서 자수성가한 대다수 래퍼들과 달리 그는 미국 중산층 가정에서 자랐다. 아버지는 애틀랜타 저널의 첫 흑인 보도 사진작가, 어머니는 대학 교수였다. 교환 교수를 지낸 어머니를 따라 중국 난징에서 어린 시절을 보내기도 했다. 전교에서 유일한 외국인이었다. 유복한 가정 환경 속에서 어릴 때부터 시를 쓰고 그림을 그렸다. 열세 살부터는 랩 가사를 썼다. 그 후 '시카고 힙합의 대부'라 불리는 노아이디를 만나 샘플링의 기본과 비트를 다루는 법을 배우며 아티스트의 꿈을 키웠다.

1996년부터 프로듀서 경력을 쌓아 가던 카니예 웨스트는 제이지의 락카펠라 레코즈에 합류하면서 전기를 마련한다. 제이지와 나스의 랩 배틀이 한창일 때였다. 2001년 그는 제이지의 명반 〈The Blueprint〉에 프로듀서로 참여하면서 화려한 신고식을 했다. 일반적인 힙합 작법에서 벗어난 소울 샘플링 기법과 간결한 비트, 마치 헬륨 가스를 마신 듯한 보컬 샘플은 향후 몇 년간 시장을 주도하는 트렌드로 자리 잡았다.

순식간에 촉망받는 프로듀서가 됐지만 그는 아티스트를 꿈꿨다. 2004년 첫 정규 앨범 〈The College Dropout〉을 시작으로 솔로 커리어를 시작한다. 데뷔작에서 그는 미국 교육 체제에 대한 비판을 담은 심오한 가사로 대중과 평단의 찬사를 받았다. 2005년 발표한 2집 〈Late Registration〉 역시 그만의 재능과 센스가 집약된 앨범이다. 힙합과 오케스트라의 조화를 도모하면서도 정돈된 사운드를 선사했다. 2007년 마침내 정규 3집 〈Graduation〉을 발표한다. 다프트펑크의 곡을 샘플링한 'Stronger'는 발매와 동시에 빌보드 핫100 정상을 꿰찼다. 이 앨범을 기점으로 대중음악과 일렉트로닉 사운드의 결합이 시작됐고, 일렉트로닉 팝, 하우스, 오토튠을 활용한 클럽 음악이 대세로 떠올랐다.

카니예 웨스트는 이 앨범의 아트워크를 '일본의 앤디 워홀'이라 불리는 무라카미 다카시에게 맡겼다. 졸업이라는 콘셉트에 맞게 미래 도시에 위치한 상상 속의 대학 'Universe City'에서 진행되는 졸업식을 묘사했다. 앨범 수록곡 'Good Morning'의 뮤직비디오를 공동 연출하기도 했다. 이 외에도 영화감독 미셸 공드리 등 각 분야의 다양한 아티스트가 참여한 카니예 웨스트의 뮤직비디오는 매번 엄청난 화제를 불러일으킨다. 그는 35분 길이의 단편 영화이자 뮤직비디오인 'Runway'를 통해 영화감독으로 데뷔하기도 했다.

패션 브랜드와의 협업도 활발하다. 나이키와 함께한 'Air Yeezy' 시리즈는 폭발적 인기를 끌었고, 그가 디자인한 루이비통 신발은 파리 패션 위크에 오르기도 했다. 그가 설립한 레이블 G.O.O.D Music에는 큐팁, 존 레전드, 빅션, 푸샤 티와 같은 뮤지션 외에도 행위 예술가이자 시인인 말릭 유세프 등 독특한 개성의 아티스트들이 속해 있다. 성공한 뒤에도 여전히 날카로운 시사성을 갖춘 그의 모든 작업은 언제나 더없이 잘 빠진 예술 작품이다.

2007년 카니예 웨스트의 〈Graduation〉 앨범이 발매되면서 힙합 씬은 두 갈래로 나뉜다. 전자 음악을 받아들이고 새로운 방법으로 음악을 만드는 이들이 있는가 하면 기존 방식을 고수하는 이들도 있었다. 대형 레이블은 주로 전자前者를 선호했고, 후자를 택한 아티스트들은 언더그라운드에서 스스로 레이블을 만들어 독립적인 길을 걸었다. 2010년에 접어들면서 다양한 악기와 편곡을 가미한 힙합은 보다 다채로운 색을 띠기 시작한다.

드레이크는 얼터너티브 힙합을 대표하는 아티스트로 첫 손가락에 꼽힌다. 발매한 싱글 12곡이 빌보드 차트 1위, 9곡이 플래티넘(100만 장)을 기록했다. 캐나다 토론토에서 태어난 그는 캐나다 출신의 백인 유대인 어머니와 드러머인 흑인 아버지를 뒀다. 부촌 포레스트 힐에서 고등학교를 다니다 〈Degrassi : The Next Generation〉이라는 드라마에 출연하며 얼굴을 알렸다. 2006년 첫 번째 믹스테이프를 내면서 음악계에 나왔다.

2007년 두 번째 믹스테이프의 뮤직비디오가 그해 BET 어워즈에 소개되면서 음악적 멘토 릴 웨인과 만난다. 릴 웨인은 그를 바로 휴스턴으로 불러 투어에 동행시켰다. 릴 웨인, 오마리온, 로이드 등과 함께 만든 세 번째 믹스테이프 〈So Far Gone〉은 폭발적 반응 속에 미니 앨범으로 정식 발매됐고 'Best I Ever Had'는 빌보드 2위에 올랐다. 그 사이 드레이크는 릴 웨인이 설립한 영 머니 엔터테인먼트와 계약을 맺는다. 그는 회사에 돈을 제일 많이 벌어다 주는 아티스트가 됐고, 영 머니는 힙합 씬에서 가장 잘 나가는 레이블로 성장했다. 지난해 둘은 비디오 게임 '스트리트 파이터'처럼 배틀 형식으로 진행되는 'Drake Vs. Lil Wayne' 투어를 함께 돌았다.

2010년 발매된 드레이크의 첫 정규 앨범 〈Thank Me Later〉는 1위로 빌보드 차트에 데뷔했다. 힙합이라기엔 너무 부드럽고 감성적이라 모호하다는 비판도 있었다. 랩 대신 노래만 한 트랙도 있다. 2집 〈Take Care〉는 드레이크 음악의 결정판이다. 알앤비, 팝, 일렉트로니카의 요소들을 이리저리 섞었고, 공간감을 활용한 은은한 템포의 곡들을 담았다. 이 앨범의 등장 이후 몽환적인 사운드의 음악이 쏟아져 나오기 시작했다. 2012년 그는 자신만의 레이블 OVO사운드를 설립하고 그와 비슷한 색깔을 가진 아티스트들의 앨범을 발표하고 있다.

드레이크는 아직 20대지만 포브스가 뽑은 '가장 많이 번 힙합 아티스트15' 리스트에 4년 연속 이름을 올렸다. 오늘의 힙합 씬을 대표하고 있는 켄드릭 라마, 에이셉 라키, 제이 콜 같은 아티스트와 음악적으로 교류하고 있다. 그는 빈민가에서 태어나지도 않았고 마약을 팔지도 않았으며 완전한 흑인도 아니다. 알앤비를 좋아해 알리야를 타투로 새긴 그는 자신만의 하이브리드한 스타일로 힙합을 했고 성공시켰다.

2014년 MTV 비디오 뮤직 어워즈에서 'Best Hip Hop Video' 상을 수상한 드레이크는 이런 소감을 남겼다.

"이게 힙합 어워즈라는 거 잘 알고 있어. 많은 녀석들의 기분이 상했겠지. 왜냐하면 그들 귀에 내 곡은 힙합이 아닐 테니까. 근데 그거 알아? 너희 말이 다 맞아. 내가 너희 다 속여 먹은 거야. 그런데 생각해 보니까 난 힙합이 아닌데 힙합 어워즈는 내 손에 있네. 하하. 래퍼들아, 부디 내년을 기약하렴."

1970'S

– 라스트 포이츠, '시' 형태의 스포큰 워즈를 발표.
– 1970년대 초 뉴욕의 브롱스에서 DJ 쿨 허크가 펑크와
  디스코 음악을 믹스시킨 새로운 디제잉 테크닉을 선보임.
  이 음악은 길거리 파티를 중심으로 유행하기 시작함.
– 1970년대 중반 아프리카 밤바타가 힙합의 4대 요소
  (디제잉, 엠씨잉, 브레이킹, 그래피티)를 규정하고,
  직접 구성한 음악 집단 줄루 네이션Zulu Nation을 통해
  힙합 문화를 보급하려고 노력함.
– 1979 발표한 슈가힐 갱의 〈Rapper's Delight〉가
  힙합 최초의 히트 싱글로 기록됨.

– 미8군에서 음악 활동을 하던 신중현, 이철호, 이장희,
  최이철, 박광수 등에 의해 한국형 블랙 뮤직이 태동함.
  소울, 펑크, 재즈 등 다양한 형식이 실험되었지만
  정치적으로는 배척당하면서 사실상 명맥이 끊어짐.

1980'S

– 1984 런-디엠씨 데뷔. 힙합에서 쓰이는 사운드와
  가사 등 기본적인 음악 문법을 확립하며 랩 그룹 최초로
  앨범 판매 100만 장 돌파의 기록을 세움.
– 1985~1989 퍼블릭 에너미, 엘엘 쿨 제이, EPMD,
  비스티 보이스 등 올드 스쿨의 거장들이 잇달아 수작을
  발표하면서 힙합의 '황금기'가 열림.
– 1988 N.W.A가 〈Straigt Outta Compton〉 발표,
  뛰어난 음악과 거친 욕설 및 반사회적 태도로
  관심을 모아 웨스트코스트 힙합 씬의 형성을 촉발함.

– 1989 발라드 가수 홍서범이 솔로 데뷔 앨범에
  '김삿갓'을 발표함. 이 곡은 모든 부분이 랩으로만
  구성된 사실상 한국 최초의 '랩' 임.

1990'S

– MC 해머의 2집 앨범 〈Please Hammer Don't Hurt' Em〉이
  힙합 앨범 판매고의 새로운 기록을 세움.
  그래미상 수상을 비롯해 이전의 모든 힙합 부분의
  기록을 갈아치우면서 힙합을 대중화시킨 공을 인정받음.
– 1991 길버트 오 설리번이 래퍼 비즈 마키와의

– 1990 가수 이수만과 작곡가 홍종화가 발굴한 가수 겸
  댄서 현진영이 솔로로 데뷔. 그는 처음으로 '랩'이라는
  용어를 앨범에 공식적으로 명기함('슬픈 마네킹').
– 나미가 '인디언 인형처럼'의 리믹스 및 랩 버전 발표.
– 1991 팝, 록 밴드 공일오비가 슬로우 랩

Beenzino

저작권법 위반 혐의 소송에서 사실상 승소.
이 사건은 그때까지 횡행하던 무단 샘플 사용에
경종을 울리면서 음반 제작 방식의 변화를 가져옴.

- 1992 닥터 드레, 솔로 데뷔 앨범 〈The Chronic〉 발표.
'지-펑크' 스타일을 제시하며 큰 반향을 일으킴.
- 1993 퍼프 대디가 힙합 역사상 가장 성공적인 레이블 중
하나인 '배드 보이'를 출범시킴.
- 우-탱 클랜의 역사적 데뷔 앨범 〈Enter the Wu-Tang〉이
발표됨.
- 1994 나스와 더 노토리어스 비아이지가 클래식 데뷔 앨범
〈Illmatic〉과 〈Ready to Die〉를 각각 발표해 이스트코스트
힙합을 이끌 차세대 래퍼로 각광받음.
- 1995 갱스터 힙합의 대부 이지-이가 에이즈로 사망.
- 1996 웨스트코스트의 최고 래퍼로 각광받던 20대 중반의
투팍이 마이크 타이슨의 권투시합을 보고 나오던 중
총격을 받아 사망. 이후 동부와 서부 래퍼들의 갈등이
최고조에 이름.
- 1997 동부와 서부 힙합 씬의 갈등 지속되던 중 투팍과
라이벌이던 더 노토리어스 비아이지마저 총격으로 사망함.
위기를 느낀 두 진영의 대표들이 만나 화해와 평화를 모색함.
- 1998 로린 힐이 힙합, 알앤비, 레게를 접목시킨 문제작
〈The Miseducation of Lauryn Hill〉을 발표,
이듬해 그래미상을 석권하며 화제가 됨.
힙합 앨범 최초로 '올해의 앨범' 수상.
- 블랙 스타가 데뷔 앨범을 발표하며 언더그라운드의
움직임을 주도함.
- 1999 닥터 드레 7년 만의 복귀작 〈2011〉로 힙합 씬을
재평정함.
- 나스의 〈Nastradamus〉등 밀레니엄, 세기말 콘셉트가
유행함.

스타일의 '너에게 들려주고 싶은 이야기'를 발표.
- 1992 서태지와 아이들이 데뷔, 랩댄스곡 '난 알아요'가
담긴 1집이 공전의 히트를 기록하며 랩에 대한 관심을
촉발시킴.
- 현진영이 '힙합'이라는 개념을 처음으로 표방한 2집
〈New Dance 2〉 발표.
- LA 출신 재미 교포인 서정권이 JK 타이거라는 이름으로
솔로 앨범 발표. 정통 랩을 내세우지만 대중적으로.
이목을 집중시키는 데는 실패함.
- 1993 현진영의 백업댄싱팀 '와와' 출신의 뮤지션 이현도와
김성재가 듀스라는 이름으로 데뷔함.
- 1994 서태지와 아이들이 4집 앨범의 수록곡 'Come Back
Home'으로 컴백해, 엄청난 화제를 불러일으킴. 힙합 패션과
갱스터 랩 등으로 힙합 문화의 유행을 본격적으로 도입함.
- 1995 듀스의 최고작이자 한국 힙합의 대표 명반 중
하나인 듀스 3집 〈Force Deux〉가 발표됨.
- 하이텔, 나우누리, 천리안 등 PC통신을 중심으로 온라인
블랙 뮤직/힙합 커뮤니티가 등장함(블렉스, SNP 등).
- 1997 작곡가 겸 가수 정연준, 재미 교포 가수, 래퍼들과
함께 업타운을 결성하고 데뷔 앨범 〈Vol.1 Represent〉를
발표함.
- 최초의 오버그라운드 힙합 그룹인 지누션이 데뷔.
이는 서태지와 아이들의 멤버 양현석과 듀스의 멤버
이현도의 공동 작업으로 큰 관심을 모음.
- 1998 온라인 힙합 커뮤니티 블렉스, 언더그라운드
힙합 최초로 독자적인 레이블을 통해 음반을 발표.
모든 음악이 랩으로만 구성된 첫 번째 앨범으로 기록됨.
- 모던 록/일렉트로니카의 소굴이던 클럽 '푸른굴 양식장'이
'마스터플랜'이라는 이름의 힙합 클럽으로 새로 개업해
다양한 공연을 유치하며 한국 힙합의 메카로 떠오름.
- 1999 PC 통신을 통해 유명세를 얻은 버클리 음악대학 출신
래퍼 조PD가 1집 〈In Stardom〉을 발표함.
- 가요계로 복귀한 타이거 JK, DJ 샤인과 함께 드렁큰 타이거를
결성한 뒤 데뷔 앨범 발표.
- 한국 최초의 힙합 컴필레이션 앨범 〈1999 대한민국〉 발표.

2000'S

- 2000 에미넴의 〈The Marshall Mathers LP〉가 기록적인 판매고를 기록해 힙합 역사상 백인 래퍼가 발표한 가장 성공적인 앨범으로 기록됨.
- 2002 제이지의 〈The Blueprint〉와 나스의 〈Stillmatic〉이 나란히 〈Source〉지에서 만점의 평점을 받음.
- 프로듀싱 팀 넵튠스, 서서히 힙합/팝 씬의 '마이다스의 손' 으로 부상.
- 힙합계의 전설 런-디엠씨의 멤버 잼 마스터 제이 피살됨. 모든 힙합 팬들이 그의 죽음을 애도함.
- 에미넴이 주연한 영화 〈8 Mille〉이 세계적으로 관심의 대상이 됨.
- 2003 닥터 드레가 제작한 50센트의 메이저 데뷔 앨범 〈Get Rich or Die Tryin'〉이 공전의 히트를 기록함.
- 제이지가 비즈니스에 전념하기 위해 〈The Black Album〉을 끝으로 은퇴를 선언함.
- 2004 카니예 웨스트가 첫 솔로 앨범인 〈The College Dropout〉을 발매해 기록적인 흥행과 함께 비평가들의 찬사도 이끌어냄.
- 2005 나스와 제이지가 그동안의 갈등을 뒤로한 채 역사적인 화해를 이룸.
- 50센트가 잇따른 디스로 갈등을 일으킴.
- 2006 제이 디, 프루프, 제임스 브라운 등이 연이어 사망.
- 티아이와 더 게임이 수준급의 컴백 앨범으로 힙합 씬 주도.
- 2007 릴 웨인이 믹스테이프와 피처링의 행보를 이어가며 힙합 씬의 새로운 강자로 군림.
- 솔자보이, 'Crank That'을 히트시키며 새로운 유행을 만들어냄.
- UGK의 멤버 핌프 씨, 사망.
- 2008 릴 웨인, 'A Milli'로 차트 점령 및 힙합 사운드의 경향을 바꿈.
- 2009 에미넴, 약물중독 재활치료 후 5년 만에 컴백.
- 현재(2015년) 미국 힙합 최고의 스타인 드레이크의 본격적인 등장.
- 2010 카니예 웨스트, 〈My Beautiful Dark Twisted Fantasy〉로 전 세계적인 격찬을 이끌어냄.

- 2000 컴필레이션 앨범 〈2000 대한민국(천리안)〉 발매.
- DJ 디오씨가 〈The Life…Doc Blues〉 발표. 댄스 그룹의 이미지를 벗어나지 못하던 종래의 음악을 넘어 진지한 힙합 그룹의 면모를 보여줌.
- 2001 버벌진트가 〈Modern Rhymes EP〉로 한국말 라임의 새 방법론을 제시함.
- 지누션의 〈The Reign〉이 발매됨. 이 앨범 제작에 프로디지, 비리얼 등이 참여해 화제를 모음.
- 2002 주석, 미국 메인스트림 사운드를 적극 수용한 두 번째 앨범 〈Welcome To The Infected Area〉 발표.
- 마스터플랜의 컴필레이션 시리즈 〈MP Hiphop 2002 풍류風流〉가 더블 CD로 발표됨.
- 2003 씨비 매스가 마지막 앨범 〈Massappeal〉 발표함. 성숙한 음악과 진정성을 담은 가사로 호평받음.
- 2004 가리온과 피타입이 데뷔 앨범 〈Garion〉과 〈Heavy Bass〉를 각각 발표함. 두 앨범 모두 명반으로 평가받음.
- 2005 에픽 하이의 'Fly'가 힙합 씬을 비롯한 오버그라운드 가요계를 석권함.
- 국내 힙합 뮤지션과 해외 힙합 뮤지션의 공동 작업이 서서히 시작됨.
- 2006 라임어택과 마일드 비츠가 〈Message From Underground 2006〉 발표. 탄탄한 비트와 뮤지션의 자의식 측면에서 높은 평가를 받음.
- 버벌진트가 앨범 두 장을 연달아 발표하며 공격적인 태도와 실험적인 음악으로 화제의 중심으로 부각됨.
- 2007 에픽하이, 〈Remapping the Human Soul〉로 호평을 이끌어 냄.
- 스윙스, 산이, 베이식 등 슈퍼 루키들의 등장.
- 다이나믹듀오, 31명의 래퍼가 참여할 '동전한닢 remix' 발표.
- 2008 버벌진트, 훗날 한국 힙합 역사의 명반으로 기록되는 〈누명〉 발매.
- 래퍼들의 믹스테이프 발매 열풍.
- 2009 래퍼들의 '리믹스 컴피티션' 개최 열풍.
- 프리스타일 랩 영상 시리즈, '마이크 스웨거' 시작.

- 갱스타의 멤버 구루 암으로 사망.
- `2011` 루페 피아스코, 오바마 대통령을 가리켜 '미국의 가장 위험한 테러리스트'라고 발언.
- 힙합 보컬리스트 네잇 독 사망.
- `2012` '코첼라 페스티벌'에서 투팍을 홀로그램으로 살려냄.
- 비스티 보이즈의 멤버 MCA 사망.
- `2013` 켄드릭 라마, 빅 션의 'Control'에 참여해 동료 래퍼들에게 음악적 경쟁을 도발하며 힙합 씬을 들썩이게 함.
- 제이지, 삼성과 계약을 맺고 갤럭시 유저에게 앨범을 선 공개하며 새로운 마케팅을 선보임.
- 릭 로스, 여성혐오 가사 논란으로 Reebok과의 광고 계약을 파기당함.
- `2014` 맥클모어, 동성애를 지지하는 'Same Love'로 그래미 어워드 4관왕에 오름.
- 닥터 드레, 애플의 '비츠' 인수로 힙합 뮤지션 최초로 십억만장자가 됨.
- `2015` 런던 퀸 메리 대학과 임페리얼 칼리지 런던의 연구팀, 팝 음악 최대 혁명은 '1991년, 힙합의 대중화'라고 발표.
- N.W.A의 바이오픽, 〈Straight Outta Compton〉 개봉.
- 나스, 하버드 대학에서 'W. E. B. Du Bois Medal'을 받은 최초의 래퍼가 됨.

- 드렁큰타이거의 'Monster'에 라킴 참여.
- `2010` 힙합 사이트 '힙합엘이' 오픈.
- 힙합 사이트 '힙합플레이야', 10주년 공연 개최.
- 키비의 '자취일기' 가사, 래퍼로서 광화문 글판 최초로 장식.
- `2011` 가리온, 〈가리온2〉로 '제8회 한국대중음악상'에서 힙합 뮤지션으로는 최초로 '올해의 음반' 수상.
- 레이블 '소울컴퍼니' 해체.
- 도끼 & 콰이엇, 독립 레이블 '일리네어 레코즈' 설립.
- `2012` 엠넷, 힙합 엔터테인먼트 프로그램 〈쇼 미 더 머니〉 시작.
- 지드래곤, 한국 힙합 수준을 끌어올린 싱글 'One Of A Kind' 발매.
- `2013` 래퍼들 간의 디스, 일명 '컨트롤 대란' 발생.
- 산이, '발라드 랩' 논란에 휩싸임.
- ADV, 전국 길거리 랩배틀 'SRS (Street Rap Sh#t)' 시작.
- `2014` 단행본 〈힙합, 블랙은 어떻게 세계를 점령했는가〉 출간.
- 엠넷, 여성 래퍼들의 엔터테인먼트 프로그램 〈언프리티 랩스타〉 시작.
- `2015` 송민호의 가사로 촉발된 한국힙합의 여성 혐오 논란.
- 키스 에이프, '잊지마 It G Ma' 열풍으로 미국 진출.
- CJ, 하이라이트 레코즈 인수.

LABEL 2015

street

fight

90년대를 휩쓴 게임 '스트리트 파이터'의 세계관은 단순하다. 살아남기 위해선 강해져야 한다. 같은 시기 한국 힙합이 태동했다. 자기만의 필살기를 갈고닦아 일대일 배틀로 실력을 증명한다는 점에서 둘은 공통점이 있다. 언더그라운드의 실력자들은 색깔이 비슷한 이들끼리 뭉쳐 각자의 진영을 다져 왔다. 2015년 현재 한국 힙합을 이끄는 레이블 10곳의 전투력을 분석한다.

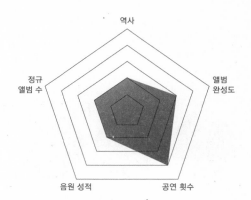

일리네어 레코즈
1LLIONAIRE
R E C O R D S

2011년 1월 1일 더 콰이엇은 도끼와 악수하는 사진을 SNS에 올리며 일리네어 레코즈의 출범을 알렸다. 자타공인 언더그라운드 실력자로 꼽히던 둘의 만남은 힙합 씬의 이목을 끌었다. 2011년 6월 도끼의 첫 정규 앨범 〈Hustle Real Hard〉 발매 기념 콘서트에서 빈지노의 합류를 알리며 현재의 3인 체재를 구축했다. 2014년 5월 첫 레이블 앨범 〈11:11〉을 발표했다.

더 콰이엇은 언더그라운드의 대표 레이블이던 '소울컴퍼니'의 원년 멤버이자 음악 감독으로 활약했다. 윤미래의 '검은 행복', 드렁큰 타이거의 '8:45 Heaven' 등을 작곡하며 이름을 알렸다.

도끼는 열두 살에 활동을 시작해 드렁큰 타이거, 에픽하이 등 많은 뮤지션들의 곡에 피처링으로 참여했다. 2008년부터는 믹스테이프와 미니 앨범을 꾸준히 발표하며 어린 나이에도 언더그라운드 최강의 고수로 자리매김했다. 2005년 다이나믹 듀오의 2집 앨범 〈Double Dynamite〉에 참여하며 더 콰이엇과 친분을 쌓았다.

lll(멋진, 죽이는)이라는 슬랭과 MILLIONAIRE(백만장자)의 합성어인 레이블 작명에서 드러나듯 일리네어의 주무기는 단연 '머니 스웨그'다. '바닥부터 정상까지' 맨손으로 일군 부에 대한 자부심을 노골적으로 드러내는 가사는 한국 힙합에선 찾아볼 수 없는 것이었다.

한편 수년째 계속되는 일관된 메시지가 지루하다는 비판도 있다. 그러나 메이저 기획사나 대중 매체의 힘을 빌리지 않고도 막대한 부와 명예를 거머쥔 이들의 성공 스토리는 공연장 앞에 늘어선 수많은 '일리네어 갱'들의 꿈이자 희망이다.

소속 뮤지션 _ 도끼, 더 콰이엇, 빈지노

도끼

더 콰이엇

빈지노

브랜뉴 뮤직
BRANDNEW MUSIC

라이머　　버벌진트　　산이

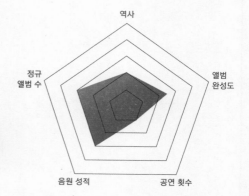

조PD와 함께 '브랜뉴스타덤'을 이끌던 라이머가 2011년 중순에 설립한 레이블이다. 브랜뉴 뮤직의 가장 큰 무기는 버벌진트, 산이, 피타입, 키비 등 한국 힙합 씬에 한 획을 그은 실력자들을 대거 보유하고 있다는 점이다. 멜로디를 강조한 곡들로 인기를 얻으며 힙합의 대중화에 기여했다. 그러나 정통 힙합을 선호하는 팬들에겐 일명 '가요 랩'을 상업적으로 양산한다는 비판을 받는다. 2015년 11월 버벌진트는 브랜뉴 뮤직 산하에 독립 레이블 'OTHERSIDE'를 설립하고 힙합의 범주에 머무르지 않는 창작 활동과 후배 양성을 선언했다.

주요 뮤지션 _ 라이머, 버벌진트, 산이, 피타입, 팬텀, 이루펀트, 태완, 허인창, 비즈니즈, 키디비, MC그리 등

에이오엠지
AOMG

박재범　　사이먼 도미닉　　로꼬

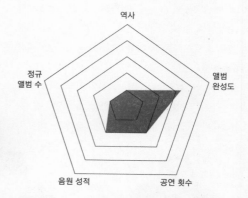

JYP엔터테인먼트 소속 아이돌 그룹 2PM 출신의 박재범이 2013년 10월 'AOMG 론칭 파티'를 열며 공식적으로 레이블 설립을 알렸다. 레이블 이름은 'Above Ordinary Music Group'의 약자다. 평범한 음악을 하지 않는 집단을 의미한다. 2014년 3월 박재범의 제안으로 아메바 컬처와 계약이 만료된 슈프림 팀의 사이먼 도미닉이 공동 대표로 AOMG에 합류했다. 비주얼과 실력, 패션 감각을 두루 갖춘 래퍼들이 많아 여성 팬덤이 특히 강하다. 최근 종영한 〈쇼 미 더 머니4〉에서는 박재범이 소속 뮤지션 로꼬와 함께 프로듀서로 출연해 화제를 모았다.

주요 뮤지션 _ 박재범, 사이먼 도미닉, 로꼬, 그레이, 차차말론, 엘로, 어글리덕, DJ펌킨, DJ웨건, 전군

Beenzino

하이라이트 레코즈

팔로알토   비프리   오케이션

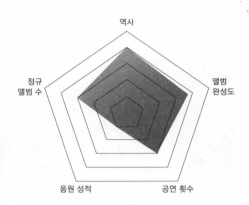

역사 / 앨범 완성도 / 공연 횟수 / 음원 성적 / 정규 앨범 수

2010년 개화산 크루를 중심으로 팔로알토가 세운 레이블이다. 비프리, 허클베리피, 오케이션, 레디, 키스 에이프 등 숨은 실력파들이 다수 포진해 있다. 많은 팬들이 '언더그라운드의 자존심'으로 여겼으나, 2015년 10월 CJ E&M에 인수됐다는 소식이 알려지면서 이슈가 됐다. 올해 초 소속 래퍼 키스 에이프가 미국 래퍼 오지 마코의 'U

Guessed It'을 재해석한 '잊지마It G Ma'의 뮤직비디오가 유튜브 1600만 뷰를 넘겼다. 미국 진출에 성공한 키스 에이프는 현지 언론과의 인터뷰에서 한국 힙합을 비하하는 발언을 해 논란을 빚기도 했다.

주요 뮤지션 _ 팔로알토, 허클베리피, 비프리, 레디, 오케이션, 키스 에이프, 소울피쉬, 소울원, DJ짱가

저스트 뮤직

스윙스   바스코   블랙넛

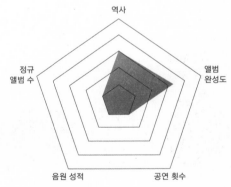

역사 / 앨범 완성도 / 공연 횟수 / 음원 성적 / 정규 앨범 수

2009년 스윙스가 설립한 레이블이다. 〈쇼 미 더 머니〉를 통해 이름을 알린 블랙넛, 바스코, 씨잼 등이 소속해 있다. 현재 미국에서 유행하고 있는 트랩 장르를 트렌디하게 흡수해 발전시켰다는 평을 받는다.

개성 강한 저스트 뮤직의 래퍼들은 디스전에 최적화된 캐릭터들이다. 스윙스는 2013년 8월 'King Swings'를 발표하며 '컨트롤 비트 대란'의 포문을 열었고, 씨잼 역시 '신기루'를 통해 국내 래퍼들을 신랄하게 비판했다. 블랙넛은 최근 슈퍼비와 함께 발표한 '냉탕에 상어'에서 타블로를 디스했다는 의혹을 받는다.

주요 뮤지션 _ 스윙스, 바스코, 블랙넛, 기리보이, 씨잼, 천재노창

비스메이저 컴퍼니

딥플로우　　　　우탄　　　　던 밀스

2014년 2월 딥플로우가 비스메이저 크루를 비스메이저 컴퍼니(VMC)라는 이름의 레이블로 전환했다. 현존하는 힙합 레이블 중 언더그라운드 색채가 제일 강하다. 멜로디컬하고 팝적인 요소가 많은 힙합이 대세를 이루고 있지만, 이들은 강하고 묵직한 하드코어 정통 힙합을 고수한다. 덕분에 탄탄한 마니아층을 자랑한다. 레이블 수장인 딥플로우는 2000년대 초반 소울컴퍼니와 양대 산맥을 이뤘던 빅딜 레코드 출신이다. 〈쇼 미 더 머니2〉에서 존재감을 드러낸 우탄, '2013 힙합 플레이야 올해의 기대주'에 선정된 넉살, 남성적인 보이스가 매력인 던밀스 등이 소속해 있다.

주요 뮤지션 _ 딥플로우, 우탄, 던 밀스, 오디, 넉살

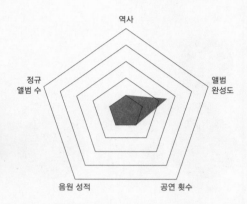

아메바 컬쳐

다이나믹 듀오　　자이언티　　프라이머리

다이나믹 듀오가 이끄는 레이블이다. 2006년 9월 설립되었다. '아메바 컬쳐'라는 이름은 개코와 최자가 프로듀싱 및 외부 디자인 작업을 할 때 쓰던 예명 '아메바2004'에서 따왔다. 2008년 슈프림 팀을 영입해 한때 최고의 주가를 올렸지만 2013년 레이블을 탈퇴한 이센스가 개코를 상대로 디스곡을 발표하고, 간판 프로듀서 프라이머리의 표절 시비가 연이어 터지면서 부침을 겪었다. 힙합은 아니지만 개성 있는 보컬로 다양한 장르의 뮤지션과 협업해 온 자이언티, 알앤비 싱어송라이터 크러쉬의 약진으로 그동안의 부진을 만회하고 있다.

주요 뮤지션 _ 다이나믹 듀오, 프라이머리, 얀키, 플래닛 쉬버, 리듬파워, 자이언티, 크러쉬

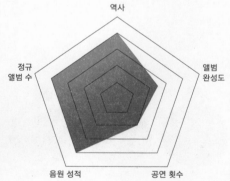

40

와이지 엔터테인먼트

서태지와 아이들 해체 후 프로듀서로 전향한 양현석이 1996년 설립했다. 1997년 힙합 듀오 지누션에 이어 이 듬해 4인조 그룹 원타임까지 성공시키며 기반을 쌓았다. 2006년, 2009년에 각각 데뷔한 빅뱅과 투애니원은 YG 를 현재의 대형 기획사로 키웠다. 2015년 3월 에픽하이 의 타블로는 소속사 YG엔터테인먼트 산하에 독립 레이블

'하이그라운드'를 설립했다. 하이그라운드는 〈무한도전〉 에 출연하며 스타덤에 오른 밴드 혁오를 영입했고, 이어서 코드 쿤스트를 영입해 싱글 앨범 'PARACHUTE'를 발매하 며 본격 활동을 시작했다.

주요 뮤지션 _ 빅뱅, 싸이, 에픽하이, 2NE1, 아이콘, 위너, 마스터우, 이하이, 악동뮤지션, 지누션

에픽하이

지드래곤

지누션

역사 / 앨범 완성도 / 공연 횟수 / 음원 성적 / 정규 앨범 수

필 굿 뮤직

타이거 JK

윤미래

드렁큰 타이거와 업타운으로 한국 힙합의 부흥기를 이끈 타이거 JK와 윤미래의 레이블이다. 무브먼트 크루를 진두 지휘했던 타이거JK가 정글뮤직에서 독립해 설립했다. 최 근엔 타이거 JK, 윤미래, BIZZY가 팀을 이뤄 MFBTY로 활 동하고 있다. 2015년 12월 윤미래의 싱글 앨범 발매가 예정되어 있다.

비스츠 앤 네이티브스

이센스

슈프림 팀의 멤버였던 이센스가 속한 레이블이다. 음악을 넘어 다양한 분야의 예술가 집단을 표방한다. 최근에는 애 니메이션 아티스트 에릭 오를 영입했다. 2015년 8월 자 전적 고백이 담긴 이센스의 첫 정규 앨범 〈The Anecdote〉 는 마니아와 비평가들에게 극찬을 받았다. 이센스는 대마 초 흡연 혐의로 징역 1년 6월의 실형을 선고 받았다.

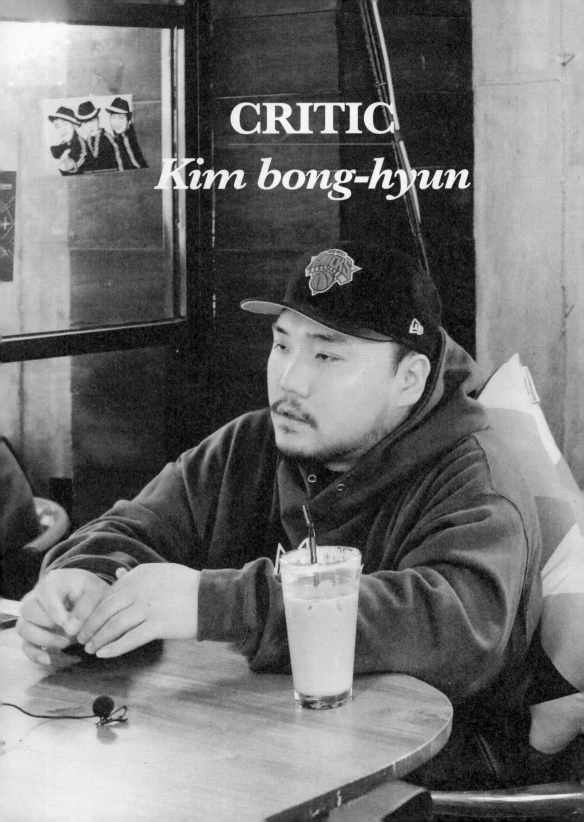

CRITIC
Kim bong-hyun

2015년 상반기 미국에서 가장 많이 스트리밍된 5장의 앨범 중 4장이 힙합이다. 제이 콜, 켄드릭 라마, 빅 션, 드레이크가 차례로 순위에 올랐다. 한국의 멜론 차트도 상황은 비슷하다. 산이&매드클라운, 지코, 다이나믹 듀오, iKON 등 힙합 뮤지션들의 곡이 5위권에 포진해 있다.

힙합이 대세라고 누구나 힙합을 알고 듣는 건 아니다. 나처럼 '좋으면 됐지' 식으로 이 유행을 즐기는 사람을 네티즌은 '힙알못'이라 부른다. '힙합 잘 알지도 못하면서'라는 뜻이다. 녹색 창에 '힙합'을 검색한다. 뉴스 항목에 전문가 멘트로 가장 많이 나오는 이름이 있다. 김봉현. 그의 명함에 쓰인 직함은 음악 비평가, 힙합 운동가다. 글만 써서 먹고살기 힘들고, 힙합만 해선 밥 굶기 십상인 시대에 그는 힙합에 대한 글로 먹고사는 길을 택했다. 가장 최근에 낸 저서 《힙합: 블랙은 어떻게 세계를 점령했는가》 외에도 7권의 책을 쓰고 번역했다. 얼마 전엔 '제1회 힙합 영화제'를 열기도 했다. 홍대의 힙합 카페 'Back in the day'에서 그를 만났다. 전국의 죄 없는 '힙알못'들을 대변해 무식한 질문부터 던졌다.

힙합이 뭐예요? 랩인가요? 트로트나 발라드에 랩을 얹는다고 힙합이 되는 건 아니듯 랩은 음악적 도구예요. 힙합 사운드는 EDM처럼 잘게 쪼갠 빠른 비트라기보다는 좀 느릿느릿하고 드럼도 무게감 있게 내려치는 몇몇 특징들이 있어요. 거기 랩이 더해지면 힙합이죠. 그렇지만 재즈나 클래식처럼 하나의 음악 장르로 힙합을 정의할 수는 없어요. 일종의 문화고 라이프 스타일이죠.

지금 음원 차트 상위권을 차지하는 힙합 뮤지션의 곡들을 다 힙합이라 할 수 있나요? 2~3년 전만 해도 발라드에 랩을 물리적으로 얹은 노래들이 힙합으로 둔갑되어서 팔렸어요. 연예부 기자들도 관련 지식이 없었기 때문에 그냥 이게 힙합인가 보다, 힙합이 대세다, 이런 기사를 쏟아 내면서 왜곡이 좀 있었죠. 요즘엔 지코나 도끼처럼 랩으로만

가득하고, 한국인의 정서에 안 맞는다고 생각했던 곡들이 1위도 하는 걸 보면서 조금은 바뀌었다는 생각이 들어요. 한국에선 무조건 '뽕필'을 넣어야 된다, 이런 멜로디를 넣어야 먹힌다는 논리가 있었는데 이제 그런 거 없이도 1위를 할 수 있게 됐으니까.

"쟤는 사람 자체가 힙합이야"라는 건? 요즘 일리네어가 외치는 게 '셀프 메이드Self-made'라고 하는 자수성가 개념이에요. 밑바닥에서 정상까지 자기 손으로 성공을 일궈 냈다는 서사가 힙합에서는 굉장히 중요하고, 그럴수록 더 존중받는 문화죠. 제이지나 50센트 같은 유명한 래퍼들도 뒷골목 마약 판매상 출신이거든요. 그런 환경 속에서 랩으로 성공해서 자기 운명을 바꿨다는 건 힙합의 전통적인 스토리예요. 또 하나, 래퍼라면 자기 가사는 직접 써야 한다는 무언의 법칙이 있죠. 랩이라는 건 자기 고백적인 특징을 갖고 있기 때문에 난 어떻게 살았고, 어떻게 올라왔다는 것을 솔직하게 표현해서 영향력을 얻는 거예요. 성시경이 자기 가사를 직접 안 쓰고 김이나가 써 줬다고 해서 아무도 뭐라고 하지 않잖아요? 그런데 힙합에선 남이 가사를 써 주면 인정해 주지 않고 가짜라고 여겨요. 이런 것들이 흔히 말하는 '힙합적'이라고 말하는 맥락들이죠.

일기를 써서 빠르게만 읊는다고 랩은 아닐 텐데요. 메시지가 아무리 좋아도 강약 고저에 의거한 리듬이 없으면 그냥 웅변이에요. 또 라임이 있어야겠죠. 쉽게 말하면 끝말 맞추기 같은 건데, 비슷한 발음의 규칙적인 반복으로 만들어지는 거예요. 기본적으로 라임은 영미 문화권에 늘 있어왔어요. 셰익스피어의 소네트에 비트를 깔고 읊으면 자연스럽게 랩이 되죠. 미국에선 랩 할 줄 아냐고 물을 때 "Can you rap?"이 아니라 "Can you rhyme?"이라고 얘기해요. 랩과 라임을 거의 동의어처럼 써요.

한국 래퍼들 중에 가장 시적인 가사를 쓰는 래퍼는 누군가

요? 타블로. 펀치라인으로 많이 알려져 있지만 문학적으로도 훌륭한 가사를 썼어요. 펀치라인이 기발하고 유쾌한 쾌감을 준다면, 시적 가사는 돌려 말해서 한 번 더 생각하게 해요. 우리나라 래퍼들은 직유나 은유를 많이 쓰는데, 타블로처럼 대유나 환유를 쓰는 래퍼는 거의 없어요.

그는 기초적인 질문에도 진지한 표정으로 답했다. 하긴 이제껏 숱하게 받아 온 질문일 것이다. 김봉현은 힙합이 요즘처럼 대세로 떠오르기 전부터 힙합을 '계몽'해 왔다.

힙합을 언제 처음 접했나요? 중학교 때 홍대 레코드 가게에서 LL Cool J의 테이프를 샀어요. 누군지도 모르고 그냥 집었는데 알고 보니 명반 중 하나로 평가받는 앨범이었죠. 현진영, 서태지, 듀스, 신해철의 몇몇 곡에서 랩 같은 걸 접하면서 노래와 다른 뭔가를 알게 됐고, 오리지널을 들어 봐야겠다고 생각했어요.

이후 김봉현은 PC통신 나우누리의 흑인 음악 동호회 'SNP(Show & Prove)'에서 활동했다. '보여 주고 증명하라'는 이름처럼 SNP는 창작 지향 모임을 표방했다. 듣는 데 그치지 않고 직접 곡을 만들어 공유했다. 하이텔에는 SNP와 쌍벽을 이루는 '블렉스'가 믹스테이프를 만들어 홍대 '마스터플랜'에서 라이브 공연을 하고 있었다. 가리온, 씨비매스, 주석 등이 블렉스의 멤버로 무대에 섰다. 90년대 후반, 한국 힙합 씬의 시작이었다.

당시 SNP에서 어떤 분들과 같이 활동하셨어요? 전 음악을 만들지는 않았어요. 운영진을 맡았는데 버벌진트나 피타입, 데프콘, 휘성, 이런 분들이 아마추어 시절 SNP에 있었죠. 15~16년 전이니까 전 10대 후반 정도였고, 그분들도 저랑 비슷하거나 몇 살 위였어요.

버벌진트처럼 대학생이 많았나요? 다른 동호회와는 다르게 SNP는 학구적인 분위기가 있었어요. 당시 버벌진트가 선보인 한국말 라임의 방법론이 지금 한국 힙합의 근간이 됐죠. 그때만 해도 라임에 대한 고민을 하지 않거나 굉장히 조악한 수준으로 만드는 아마추어들이 많았거든요.

요즘 신인 래퍼들에게도 인터넷 커뮤니티가 등용문인가요? '힙합플레이야'나 '힙합LE', 'DC트라이브'에 믹스테이프를 올리는 게시판이 있어요. 오프라인으로는 제가 가리온이랑 하고 있는 '모두의 마이크'라는 행사가 있고요.

'모두의 마이크'는 어떻게 기획한 건가요? MC메타의 아이디어예요. 2000년대 초반 마스터플랜에서 공연할 땐 끝나면 관객들도 무대에 올라와서 프리스타일 랩을 하고 같이 즐겼어요. 점점 그런 자리가 사라졌죠. 랩을 하고 싶은 사람은 누구나 와서 해라, 여기서 인정받으면 우리가 가진 인프라를 활용해서 데뷔를 도와주겠다, 이런 시스템이에요. 지난 시즌 우승자는 일리네어 레코즈에서 디지털 싱글을 내게 해 줬고, 이번 시즌엔 FILA가 스폰서로 나서서 판이 커졌기 때문에 3등까지 디지털 싱글이랑 뮤직비디오를 만들어 줘요.

신청자가 엄청 많겠네요. 그렇죠. 36명 선착순이니까요. 그렇다고 밤을 새고 그러는 건 아니지만 저녁 7시 반에 시작하는데 오전 11시부터 줄을 서 있어요.

언더그라운드 래퍼들은 여전히 먹고 살기 힘든가요? 중간층이 없어졌다고 봐요. 방송에 나오는 래퍼들을 섭외해서 대규모 공연이나 파티를 여는 경우가 많이 생겼어요. 반면에 중간 규모의 공연들이 다 없어지고 굉장히 작은 무대들이 많이 생겼죠. 〈쇼 미 더 머니〉 같은 데 노출되지 않은 래퍼들은 여전히 어려워요.

도끼를 보면 힙합만 해서 이렇게까지 벌 수 있나 싶어요.

광고나 음원 차트를 휩쓰는 것도 아닌데. 음원 수익은 얼마 안 되겠죠. 애초에 배분율이 불공평하니까요. 근데 제가 보기엔 워낙 다작을 해서 그런 것들이 계속 쌓이고, 자기 회사니까 매니지먼트와 나누는 돈이 없겠죠. 행사나 축제 같은 데 가면 몇 백씩 받고요. 도끼는 〈쇼 미 더 머니〉에 나오기 전에도 앨범을 1만 장 이상씩 팔았어요. 거기에 들어가는 스튜디오 대여 비용, 믹싱 비용, 마스터 비용, 이런 게 아예 없죠. 집에서 자기가 다 하니까. CD 한 장에 1만 원이라 치면 1만 장 팔면 1억 원이잖아요. 맞나?

네, 맞아요. 0이 여덟 개. 그런 걸 1년에 세 장씩 냈단 말이에요. 천 장 팔아도 대박인데 만 장씩 판 건 전략도 잘 세운 거죠. 힙합에선 허슬Hustle이라고 해서 열심히 산다는 것의 가치를 중요시하거든요. 그렇기 때문에 도끼나 박재범을 많은 사람들이 리스펙트하는 거죠. 지금 한국 힙합 씬에서 제일 부지런하고 꾸준히 앨범을 내고 있으니까요.

가리온처럼 오래 활동하신 분들은 왜 그만큼 못 벌었을까요? 가리온은 일단 공연 페이가 일리네어보다 훨씬 적죠. 음원이 많이 팔리는 것도 아니고. 좋은 음악을 많이 만들지만 앨범은 많이 안 냈고요.

빈지노는 방송을 통해 유명해진 것도 아닌데, 어떻게 이만큼 성공한 걸까요? 사실 학력발이나 외모발도 있기는 하죠. 그런 것들을 부정하진 않지만 랩 실력이 있다면 상관없는 거예요. 빈지노는 한국어를 의식하지 않고 랩을 하는 것 같아요. 예를 들면 한국말의 성분 같은 것들, 조사고 명사고 어미고 어조고, 이런 것들을 랩을 구성하는 재료로 받아들이고 랩 메이킹을 해요. 그래서 귀에 딱 박히는 플로우가 나오는 게 아닐까 싶어요. 이렇게 랩 플로우를 하면 한국말에 어울리지 않는다, 뭉개진다고 안 하는 것들이 있는데 빈지노는 언어의 국적이나 성분에 좌우지되지 않는, 듣기 좋은 랩을 만들어요.

빈지노와 친하세요? 안면은 있어요. 근데 친분은 전혀 없어요.

'Aqua Man'을 듣고 빈지노를 알게 된 팬들이 많아요. 힙합을 별로 안 좋아하는 사람도 이 노래는 거부감이 없거든요. 'Aqua Man'은 가사적인 재치와 랩의 재미, 적당히 멜로디컬한 분위기를 갖췄죠. 처음에 이 노래를 듣고는 만약 이게 뜬다면 힙합의 대중화에 어느 정도 기여할 수 있겠다고 생각했어요. 부드럽지만 랩이 멜로디에 주도권을 뺏긴 것도 아니고, 핵심은 힙합적인 것을 지키고 있어요. 사람들이 이 노래를 통해 랩에 관심을 갖게 되고, 힙합으로 유입될 수 있겠구나 했죠.

빈지노가 지금 힙합 씬에 미치고 있는 영향은 어떤 것일까요? 연예 기획사 소속도 아니고, 방송도 자기가 싫은 건 안 하고, 티브이에서 공연하지 않지만 티브이에 나오는 가수보다 더 많이 벌고. 기존의 시스템에 휘둘리지 않고 자기가 결정권을 쥐고 활동하면서 성공한 포지션을 개척하고 있는 거죠. 이런 인디펜던트 정신이 힙합과 맞아떨어지는 부분이 있기 때문에 많은 친구들이 롤 모델로 삼아요. 대형 기획사의 오디션에 참가하려다가 빈지노를 보고 나도 한번 혼자 해 보자, 방향을 트는 사람도 있겠죠.

근데 왜 직접 음악을 하시진 않았나요? 힙합이 좋으니까 당연히 랩을 하겠다고 나서는 사람들이 많아요. 재능이 없는데 미련이 남아서 계속하고 있는 래퍼들도 있죠. 전 애초에 예술가로서의 재능은 없지만 좋은 노래를 알아볼 수 있는 안목은 있다고 생각했고, 그걸 잘 소개하고 의미를 발견하는 게 더 맞는다고 판단했어요.

빈지노는 알아도 힙합은 잘 모르는 독자들에게 마지막으로 한 말씀 하신다면. 알고 들으면 애정이 더 오래갑니다. 제 책을 사서 읽어 보세요.

10 : 29

life's like

빈지노(본명 임성빈) 만큼 독특한 래퍼도 드물다. 대형 연예 기획사 소속도 아니고, 티브이 쇼에도 나오지 않는다. 그런데 어쩐 일인지 음원을 발표할 때마다 화제가 되고 차트 상위권에 이름을 올린다.

빈지노는 1987년 9월 12일에 태어났다. 어린 시절 아버지를 따라 뉴질랜드로 갔다. 투팍과 비기를 좋아하던 단짝 친구의 집에 놀러 갔다가 낯설고 강렬한 음악에 매료된다. 3년 뒤 귀국해 경기도 양평에서 초, 중학교를 나왔다. 서양화가인 어머니 덕분에 미술은 일상이었다. 서울예고를 거쳐 서울대학교 조소과에 입학했다.

2008년 대학 입학 후 본격적인 음악 활동을 시작했다. 자신이 설정한 방향과 속도로 꾸준히 움직였다. 인터넷 힙합 커뮤니티에 자작곡을 올리면서 사이먼D를 알게 된다. 이 만남을 계기로 2009년 피스쿨의 앨범에 메인 래퍼로 참여한다.

핫 클립, 재지팩트를 결성했고, 여러 아티스트의 앨범에 피처링을 맡았다. 2011년 일리네어 레코즈에 합류했고, 이듬해 발매한 첫 솔로 앨범 〈24:26〉으로 힙합 씬의 주목을 받았다. 이후 발표한 'Dali, Van, Picasso', 〈Up All Night〉, '어쩌라고' 등도 연이어 성공했다.

빈지노의 창작 활동은 음악에만 머물지 않는다. 친구들과 함께 아트워크 크루 아이앱IAB을 결성해 앨범 아트워크를 직접 작업한다. 그의 삶이 어디로 튈지는 아무도 모른다. 다만 어디든 음악과 미술이 함께 있을 것이다. 빈지노의 삶을 그의 노랫말과 함께 엮었다.

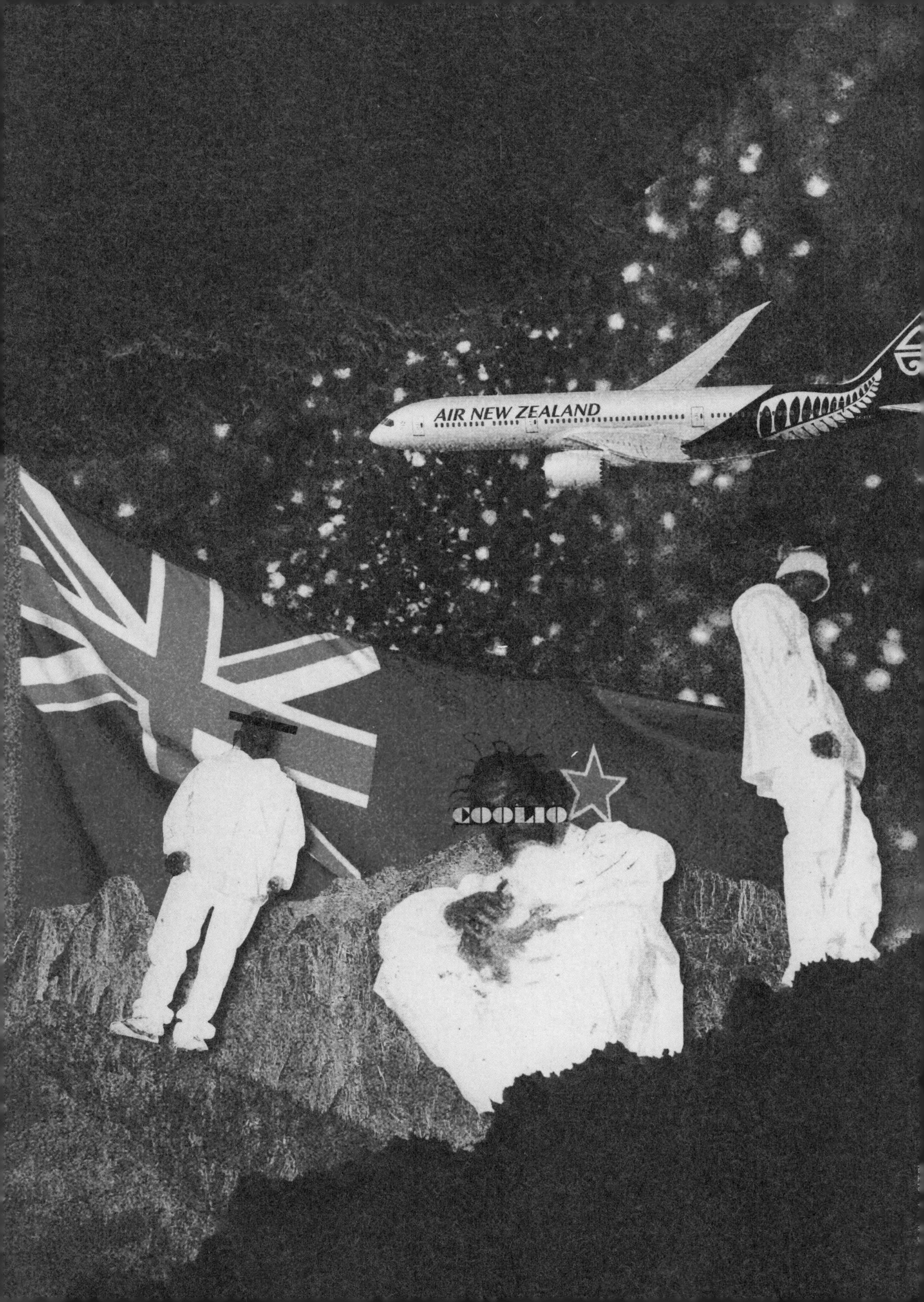
AIR NEW ZEALAND
COOLIO

엄마의 피에 젖어 태어나고

내가 처음 배웠던 언어부터
낯선 나라 위에 떨어져 별다른 노력 없이 배웠던 영어
나의 아버지에 대한 혐오와 나의 새 아버지에 대한 나의 존경
갑자기 떠오른 표현, life's like 오렌지색의 터널

지겹게도 옮겨 다녔지만 이번 이사는 까마득 멀다. 열 살 임성빈은 아버지를 따라 뉴질랜드행 비행기에 올랐다. 오클랜드에 잠시 머물다가 크라이스트처치로 옮겼다. 영어를 잘했던 아빠는 어학원을 차렸다. 초등학교에 들어간 임성빈은 입이 트이지 않아 한동안 애를 먹었다. 아빠는 한국 아이들과 어울리지 말라고 당부했다. 애초 그럴 마음도 없었다. 한국 애들은 쿨하지 않다고 생각했으니까.

생김새도 다르고 말도 서툰 이방인을 아이들이 가만둘 리 없었다. 하굣길에 흠씬 두들겨 맞으면 다음 날 교실로 찾아가 대갚음하기를 반복했다. 교장실에도 자주 불려 갔다. 온몸의 멍이 빠질 즈음에야 뉴질랜드 아이들과 같은 농구 코트를 밟았다.

이후론 한시도 심심할 틈이 없었다. 친구들과 운동하고, 스케이트보드 타고, 게임하다 보면 하루해가 짧았다. 처음 접한 파티 문화는 신세계였다. 누군가의 생일이면 차고에 음식을 잔뜩 차려 놓고 춤추며 놀았다. 학교에서도 파티가 열렸다. 머리를 염색하고, 귀걸이를 달고, 한껏 멋 부린 아이들이 강당에 모였다. DJ의 음악에 맞춰 몸을 흔들었다. 무척이나 가슴 뛰고, 야한 경험이었다.

매일 붙어 다녔던 친구 스태프는 그리스와 스페인계 혼혈이었다. 스태프의 방에는 투팍과 비기, 퍼프 대디의 사진이 붙어 있었다. 스태프는 이게 진짜 힙합이라고 했다. 임성빈도 음악이라면 누구보다 많이 들었다고 자부했었다. 한국에 있을 땐 특히 듀스를 좋아했다. 엄마가 자주 듣는 셀린 디온의 노래도 즐겼다. 그날부터 임성빈은 워크맨에 쿨리오의 테이프를 넣고 다녔다. 'C U When You Get There'가 들어 있는 싱글 앨범을 닳도록 들었다. 학교도 좋고 친구도 좋고 음악도 좋았다. 뉴질랜드가 너무 좋아 거기서 평생 살고 싶었다.

3년쯤 살았을 때 엄마가 날아왔다. 그 사이 부모님의 사이는 지구 반대편만큼이나 멀어져 있었다. 임성빈은 엄마와 아빠 중 한쪽을 택해야 했다. 뉴질랜드에 미련이 남았지만 한국으로 가는 엄마 손을 잡았다.

난 부끄럼을 잘 타

like 왕따. 허나 내 꿈은 rockstar
힙합 씬의 왕자가 되고자 밤마다 난 펜을 안 놨지
결국 부끄럼보다 휠 잘 타는 박자
학창 시절에 내가 빠진 힙합

서양화가인 엄마는 경기도 양평에 작업실을 꾸렸다. 아들이 전원의 낭만 속에서 자라길 바랐다. 아들 생각은 전혀 달랐다. 도시의 세련된 감성을 그렇게 동경해 왔는데 양평이라니… 거기다 논두렁 풍경은 뉴질랜드 대자연에 비하면 한참 소박했다. 엄마는 고흐의 다락방 같은 작업실에서 그림을 그렸다. 엄마의 그림은 형편없었다. 디테일도 없고 진짜처럼 그리지도 않았으니까. 임성빈은 작업실을 비집고 들어가 옆에서 붓을 잡았다. 그리고 만화를 그렸다. 엄마보다 잘 그린다고 생각했다. 엄마는 아들의 그림에 칭찬을 아끼지 않았다. 뭘 해도 못한다, 안 된다는 법이 없었다.

열두 살에 귀국한 임성빈은 시골 초등학교에 4학년으로 전학했다. 한국어보다 영어가 편해진 아들을 위해 엄마는 일부러 한 학년을 낮춰 보냈다. 임성빈은 창피하기는커녕 외려 쿨하다고 생각했다. 부모님의 이혼 역시 마찬가지. 남과 다른 인생을 산다는 건 두렵기보다 설레는 일이었다. 어려서부터 그런 성향이 강했는데 엄마는 그걸 '청개구리 삼신'이 들렸다고 했다.

학교에서 집까지 다니는 버스도 없었다. 수업이 끝나면 북한강을 따라 이어폰을 꽂고 수십 분을 걸었다. 논밭 풍경을 잊을 만큼 최대한 멋진 힙합 트랙을 선곡했다. 가장 반해 있던 래퍼는 버벌진트였다. 한국어로도 이렇게 세련된 랩을 할 수 있다니. '사랑해 누나'를 들으며 연상의 여자 친구를 사귀는 꿈을 꾸었다.

시골 학교라 한 학년에 반이 하나였다. 친구들과의 친밀감은 도시 학교의 그것보다 몇 배는 깊었다. 동급생보다 한 살 많았던 임성빈은 친구들 사이에서 리더이자 해결사였다. 상급생들이 친구들을 괴롭히지 못하게 했다. 뉴질랜드에서 배워 온 파티 문화를 전파하려고 무던히 애쓰기도 했다. 친구들에게 외국 힙합 음악을 들려주고, 이태원에 데리고 가 힙합 옷을 사 입혔다.

인터넷 힙합 동호회 정모에도 나갔다. 대학생 형과 누나들은 어리지만 퍽 카리스마가 있던 임성빈을 예뻐했다. 형들이 랩하는 걸 보면서 '내가 하면 더 잘할 수 있을

텐데…' 싶었다. 옷 잘 입는 누나들과 클럽에도 같이 갔다. 신촌의 '블루몽키스'에
서 프리스타일 랩을 구경하고, 크리스마스엔 래퍼 주석이 여는 파티에 갔다. 중학
생이었지만 주민등록증을 보여 달라는 사람은 없었다.

주말마다 서울에 가려면 평일엔 꼼짝없이 공부를 해야 했다. 새아버지와의 약속이
었다. 새아버지는 고등학교 때까지도 임성빈의 공부를 봐줄 만큼 학구적이었다. 가
끔 임성빈이 아끼던 조던3 모카 운동화를 신고 밭을 매기도 했지만 화를 낼 수 없
었다. 책임감 강하고, 남자답고, 엄마에겐 한없이 살가운 새아버지를 보며 '남자란
무엇인가'를 어렴풋이 배워 갔다. 아버지의 중심은 언제나 엄마였고, 엄마의 중심
은 언제나 임성빈이었다. 아버지는 엄마를 사랑하듯 아들을 사랑했다.

둘 사이에 정해진 공부 시간이 끝나면 뭘 해도 간섭하지 않았다. 저녁 10시에 책을
덮으면 그때부터 날이 새도록 컴퓨터로 음악을 찾아 듣고, 일기장에 가사를 썼다.
빈부 격차부터 막 시작한 연애 얘기까지 쓸 가사가 넘쳤다. 랩 네임도 만들었다. 당
시 잘 나가던 미국 래퍼 벤지노Benzino에 임성빈의 빈을 붙여 패러디했다. 빈지노
Beenzino의 시작이었다.

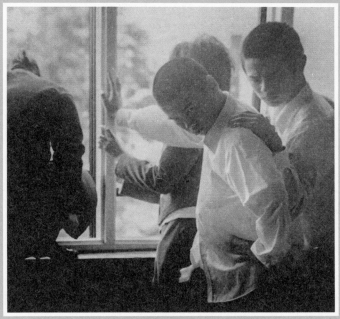

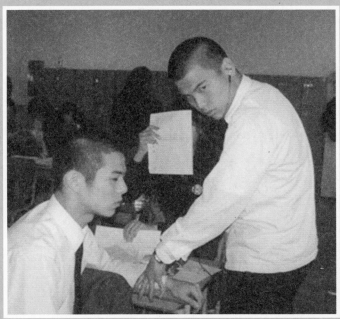

서울예고에서 유일한 빡빡이. 꼴등

그때 사귄 여자 친구 한 말이 어떻게 네가 힙합을 할 거냐고
Like Verbal Jint, Like Double Dynamite, Like Double K
결국 걔한테 차였어 난 대학도 못 간 재수생
그래, 그땐 그게 나였어 나

힙합에 빠져 있었지만 그림도 못지않게 좋았다. 중3 때 엄마를 따라 가나아트센터에 갔다가 서울예고에 들렀다. 교정이 예뻤고, 교정보다 예쁜 여학생들이 많았다. "엄마, 나 여기 다닐까?" 가고 싶다고 갈 수 있는 학교는 아니었다. 양평에 돌아와서 본 시험에서 처음으로 반 1등을 했다. 이듬해 서울예고 교복을 입었다.

한 학년에 남자가 열네 명뿐이었다. 그중 신동민이 있었다. 그가 실연으로 힘들어할 때 임성빈이 듣고 있던 더 스타일리스틱스의 CD를 건네며 가까워졌다. 그 뒤로도 임성빈은 숙제를 내주듯 CD를 서너 장씩 주면서 소감을 묻고 음악 얘기를 했다. 연인 사이처럼 붙어 다니던 어느 날 임성빈이 말했다. "너도 나처럼 머리 밀어 볼래? 퍼렐 윌리엄스처럼." 그날 이후 전교엔 '빡빡이'가 둘이 됐다.

서울예고에는 힙합 동아리가 없었지만 근처 경복고에는 '뉴잭'이라는 동아리가 있었다. 경복고 축제에 놀러 갔다 공연을 본 임성빈은 자신도 가입할 수 있는지 물었다. 테스트는 프리스타일 랩 배틀이었다. 만나자마자 '날것의 대화'를 나누고 나니 금세 막역한 사이가 되었다. 임성빈은 타 학교 학생 중 처음으로 뉴잭에 가입한다. 시미 트와이스와 만두라는 랩 네임이 뭉친 MS는 동아리의 메인 헤드였다. 임성빈은 그곳에서 '비프라이드'라는 이름으로 활동하던 김한준과 함께 '더블 비즈니스'라는 팀을 결성한다. 줄여서 '더비'. 음악과 미술을 같이 한다는 뜻이었다. 김한준도 당시 미대 진학을 준비하고 있었다. 진지한 힙합을 했던 MS와는 달리 둘은 여자 얘기, 클럽 찬양 등 가볍고 경쾌한 가사를 썼다.

그림을 좋아했지만 입시 미술은 괴로웠다. 고2 때는 영화 〈주먹이 운다〉를 보고 류승범에 반해 연극영화과 진학을 꿈꾸기도 했다. 양동근처럼 랩하는 배우가 될 수 있을 것 같았다. 부모님을 설득해 연기 학원에 갔지만 엔터테이너로서의 끼와 래퍼의 끼가 다름을 느꼈다. 3개월 만에 미술로 돌아와 재수를 했다. '대학만 가봐라, 난 음악만 할 거야.' 입시만 끝나면 내 세상이 열릴 것 같았다.

입시 인생 종지부를 찍자마자

비트 위에 드러누워 버렸지 그게 내 지금 인생
그래서 전공이 두 개 내 프로필엔
Am I insane?
I don't think so

서울대학교 조소과 08학번. 합격 통보를 받고 신나게 음악만 했다. 가사 쓰고 녹음 하고 혼자 듣기를 반복하던 어느 날, 여자 친구에게 들려주었다. 그녀는 너무 좋다 며 힙합 커뮤니티에 올리라고 권했다. 그날 저녁 DC트라이브에 '조본치'라는 닉네 임으로 파일을 올렸다. 댓글이 하나둘씩 달리는 게 신기했다. 래퍼들도 쪽지를 보 냈다. 그중 사이먼D가 있었다. "그루브가 좋네. 한번 만나자."

동경하던 래퍼에게 연락이 오다니. 어리둥절했다. 한껏 기대하고 약속 장소인 석촌 동으로 갔다. 사이먼D는 기사 식당에서 3천 원짜리 돈가스를 사 줬다. 멋있다고만 생각했는데 알고 보니 재밌는 사람이었다. 사이먼D는 당시 이센스, 스윙스, 비트박 스 DG 등이 속해 있던 I.K크루(Illest Konfusion)에 들어와 함께 음악을 하자고 했 다. 얼마 후 빈지노는 사이먼D가 얹혀살던 집에서 스윙스, 이센스와 함께 'A Milli' 비트에 랩을 녹음한다. "B.E.E.N.Z.I.N.O, Z를 G가 아닌 Z로 발음하는 매너." 빈지 노의 목소리를 처음 대중에 알렸다. 하도 떨려서 한두 달 잠을 설쳤다.

대학 공부는 생각보다 중압감이 상당했다. 때마침 좋은 기회가 찾아왔다. 사이먼 D의 추천으로 프라이머리가 이끄는 밴드 피스쿨 앨범의 메인 래퍼로 발탁된 것이다. 곧바로 가족들 몰래 휴학했다. 학교를 가는 척하고 집을 나섰다가 식구들이 출근하 면 다시 돌아와 작업했다. 두 달쯤 지나자 속이는 게 힘들었다. 부모님께 털어놓고 약속했다. 1년 동안 앨범에 집중하고 성과를 거둔 뒤 복학하기로 했다.

앨범 제목은 〈Daily Apartment〉. 한 아파트의 각 층에서 일어나는 에피소드를 담 는 콘셉트였다. 전 트랙의 가사를 혼자 쓰고 랩을 해야 했다. 한 앨범을 통째로 책임 져야 한다는 부담감이 엄청났다. 프라이머리는 까다로운 프로듀서였다. 원하는 수 준을 충족해야만 오케이 사인이 났다. 빈지노는 스트레스를 못 이기고 뉴욕으로 도 피 여행을 떠났다. 8일쯤 쉬고 오니 마음이 잡혔다. 2009년 7월 28일 래퍼 빈지노 의 데뷔 앨범이 발매되었다. 힙합 씬은 대형 루키의 출현에 열광했다.

유행이 뭐든 됐고

난 그냥 나를 살고 나다운 가사를 쓸 거야
날 닮은 애들이 내 앨범을 살 거야
역사상 나 같은 놈이 또 있는 건 싫어 I wanna be one and only
내 얼굴이 무기라며 날 모함해도 난 나비처럼 날다가 벌처럼 쏘지

대중의 반응과 별개로 빈지노에게 데뷔작은 아쉬움이 컸다. 이센스는 그에게 "다 좋은데 뭐라고 하는지 모르겠다"고 했다. 데뷔 초기 빈지노는 가사 전달보다 리듬과 느낌을 중시했다. 미국 힙합을 들을 때처럼 다 알아듣지는 못해도 리듬감이 전해지는 그런 랩을 지향했다. 그러나 아무도 알아듣지 못한다면 듣기는 좋아도 의미가 없었다. 다이나믹 듀오의 개코처럼 또박또박 잘 들리는 랩을 하고 싶었다. 볼펜을 물고 한 30초 중얼거리다가 이건 아니다 싶었다.

작사할 때부터 사람들이 직감적으로 알아들을 수 있는 문장을 구성하는 게 중요했다. 쓰고 싶은 라임이 있어도 알아듣기 어렵다면 배제했다. 이때부터 래퍼로서의 욕심이 커지기 시작했다. 더 잘하고 싶고, 더 인정받고 싶었다.

사이먼D는 빈지노에게 비트박스 DG와 팀을 이룰 것을 제안했다. 슈프림 팀의 공연에 함께 올리기 위해서였다. 만난 지 얼마 안 된 래퍼와 팀을 하는 게 겁이 났지만 그래도 형들을 믿었다. 팀 이름은 '핫 클럽'. DG의 집에서 매일 비트를 틀어 놓고 놀며 가사를 썼다. 그렇게 무대에 서면서 공연의 맛을 알아 갔다. 팬들과 만나는 시간이 늘면서 팬층도 두터워졌다. 기획사로부터 전화가 오기 시작했다. 그러나 타인의 기획이 아니라 나만의 색깔이 담긴 음악을 하고 싶었다.

고교 시절 힙합 동아리에서 만난 시미 트와이스는 어느 순간 랩보다 프로듀싱에 빠져 있었다. 재즈 힙합을 좋아했던 빈지노는 재즈 힙합의 우울한 이미지를 깨는 한편 언더그라운드 힙합이 결코 촌스럽지 않다는 걸 보여 주고 싶었다. 2010년 10월 둘은 집에서 150만 원씩 빌려 300만 원으로 재지팩트 1집 〈Lifes Like〉를 발매했다. 스물 넷 예술가의 영young한 느낌을 일상적이면서도 내밀한 가사로 풀어냈다. 사람들이 듣고 싶어 하는 음악이 어떤 건지, 유행이 무엇인지는 고려 대상이 아니었다. 음악깨나 듣는다는 이들 사이에서 빈지노의 이름이 회자되기 시작했다. '서울대 출신 훈남 래퍼'라는 수식어가 입소문을 부추겼다.

from 24 to 26, 내 통장 잔고는 변했지

칼하트의 스폰서 덕에 더는 못 사 입는 도메스틱
art, how fun is it? and I'm so good at it
내 창의력은 틀이 없어서 전공이 두 개지
(⋯) yeah bitch, check my profile, perfect, but you're not

제작비 걱정 없이 제대로 된 앨범을 만들려면 소속사가 필요했다. 당시 메이저 기획사는 물량 공세로 언더그라운드 래퍼들을 마구 영입해 부끄러운 앨범을 냈다. 시작도 하기 전에 망가지기는 싫었다. 그렇다고 언더그라운드에만 머물 수도 없었다. 2011년 1월 도끼와 더 콰이엇은 '일리네어 레코즈'를 설립하고 새 멤버를 찾고 있었다. 빈지노는 도끼, 더 콰이엇과 공연 투어를 같이 하고, 서로 피처링을 해 주며 퍽 가깝게 지내고 있었다. 당시 언더그라운드에서 그 둘만큼 돈을 잘 버는 래퍼는 없었다. 그런 레이블에서 영입 제안이 들어왔다는 건 감사한 일이었다.

도끼와 더 콰이엇은 일리네어의 비전을 설명하며, 그가 원하는 음악을 마음껏 할 수 있도록 '내버려 두겠다'고 약속했다. 음악적으로, 인간적으로 신뢰가 가는 파트너들이었다. 음악 취향과 스타일은 달랐지만 그래서 더 좋았다. 오히려 나와 다른 사람들을 만나야 배울 게 있다고 믿었기 때문이다. 2011년 6월 5일 빈지노는 계약서 한 장 없이 일리네어의 세 번째 멤버가 된다.

베테랑 동료들의 든든한 지원 속에 첫 솔로 앨범 작업을 시작했다. 그러나 학업이 발목을 잡았다. 더 이상 휴학도 어려웠고 시간을 쪼개 작업하려니 둘 다 성에 차지 않았다. 결국 대학을 자퇴하고 음악을 택했다. 많은 사람들이 말렸지만 도끼와 더 콰이엇은 잘했다고 말했다. 이 무렵 집안 형편이 기울면서 부모님과 함께 살던 집을 처분해야 했다. 빈지노는 집을 나와 석촌동 원룸 건물의 주차장을 불법 개조한 방을 겨우 얻었다. 그래도 100퍼센트 음악에만 전념할 수 있어 행복했다.

첫 솔로 앨범을 내기까지는 2년이 걸렸다. 스물넷에서 스물여섯까지의 일상을 담았다. 더 콰이엇이 가이드라인을 정해 주고, 늘어질 때면 등을 떠밀었다. 믹싱과 마스터링 작업도 그의 손을 거쳤다. 2012년 7월 마침내 〈24:26〉 앨범이 세상 밖으로 나왔다. 1500장만 찍자고 했는데 계속해서 재판을 냈다. 판매량을 세다가 어느 순간부터 말았다. 통장 잔고도 마찬가지였다. 자고 일어나면 다른 세상이었다.

Salvador Dali, Van Gogh 같이

Picasso in my body, man I'm fuckin artist
반 고흐의 달이 보이는 밤 나는 물감을 고르듯 단어를 골라
오늘 밤 어떤 게 나올진 나도 잘 몰라. 일단은 시작해 볼게
with a bottle of wine

석촌동 원룸을 벗어나 한남동 고급 빌라로 이사하는 데는 2년이 채 걸리지 않았다. 처음 큰돈을 만졌을 땐 원 없이 쇼핑을 했다. 솔로 앨범이 성공하면서 몸값은 하루가 다르게 뛰었다. SNS엔 그의 일상 사진을 모은 '남친짤'이 돌아다니고, 전국의 대학 축제를 돌며 'Aqua Man'을 불렀다. 패션, 헤어스타일, 트위터 멘션 하나까지 뉴스가 되었다. 모델 못지않게 많은 화보를 찍고, 패션쇼 런웨이를 걸으며 랩을 했다. 티브이 출연도 없었고, 대중적인 노래를 내놓은 적도 없었다. 한국 힙합 씬에서 유례없는 랩 스타의 탄생이었다.

가사에 숱하게 써 왔듯 그에겐 전공이 두 개였다. 미대를 그만둔 것일 뿐 미술을 포기한 건 아니다. 마음 맞는 친구들과 색다른 일을 꾸며 보고 싶었다. 서울예고 동창 신동민, '더블 비즈니스'를 함께한 김한준과 커피숍에 앉아 브레인스토밍을 했다. 셋은 고등학교 때부터 음악과 미술을 했고, 앞으로도 음악을 기반으로 미술을 하고 싶어 했다. I've Always Been… 그 자리에서 아이앱을 결성했다.

논현동에 작업실을 얻고 빈지노의 음악을 그려 내는 일을 함께 했다. 당시 제이지는 'Picasso Baby'를 내놓고 뉴욕 갤러리에서 랩을 하며 자신을 바스키아와 동급에 놓았다. 빈지노는 한술 더 떠서 'Dali, Van, Picasso'에서 자신을 '21c 동양의 달리'라고 노래했다. 앨범 아트워크에선 힙합 뮤지션들이 목에 거는 지저스 피스를 본떠 세 개의 펜던트를 만들었다. 빈지노와 꼭 닮은 모델 김원중이 고흐의 자화상, 달리의 시계, 피카소의 아비뇽 여인들을 형상화한 체인을 걸었다. 이때부터 사람들은 빈지노를 래퍼가 아닌 아티스트로 인정하기 시작했다. 앤디 워홀에게 팩토리가 있었다면 빈지노에겐 아이앱 스튜디오가 있다.

첫 솔로 앨범을 정규 앨범이라 못 박지 않은 건 아직 자기만의 색깔을 찾지 못해서였다. 스물아홉 겨울, 서른을 목전에 둔 지금에야 빈지노는 제 스타일을 선보일 확신이 생겼다. 이번에는 또 어떤 시도와 아이디어로 세상을 놀라게 할까.

Discography

빈지노는 데뷔 이후 지금까지 매번 새로운 행보로 팬들의 기대치를 높여 왔다.
핫 클립과 재지팩트의 팀 멤버로도 활동해 온 그는 자신의 이름을 내건
첫 정규 앨범을 준비 중이다. 그의 음악을 시기순으로 살펴본다.

HOT CLIP MIXTAPE VOL.1
핫 클립

2010.06.04.

I.K크루 시절 비트박스 DG와 함께 결성한 '핫 클립'의 첫 앨범이다. 빈지노 커리어의 처음이자 마지막 믹스테이프다. 14번 트랙 '나홀로 집에'에선 일상적 상황 설정으로 공감대를 끌어내는 솜씨가 돋보인다. '너를 미워하는 건 결코 아니야. 단지 나 홀로 있고픈 날이야. 오늘은 밥도 혼자 먹을래. let me do some 얼음땡! 얼음이야'라고 했다가도 '날씨 맑음, 아이폰은 죽었고 밥 굶음, 난 머리도 안 감았어'라며 자조 섞인 랩을 뱉는다. 8번 트랙의 솔로 곡 '내 이야기'에는 뮤지션으로서의 자기 고백과 함께 '누군가의 favorite 혹은 role model'이고 싶은 포부가 담겼다. 핫 클립의 정식 음원은 아직 발표된 적이 없다. 빈지노는 현재 계획이 잡힌 건 없지만 언제라도 다시 뭉칠 수 있다며 가능성을 열어 놨다.

LIFES LIKE
재지팩트

2010.10.26.

시미 트와이스와 결성한 '재지팩트'의 첫 정규 앨범이다. 어둡고 몽환적인 느낌이 아닌 컬러풀한 재즈 힙합을 표방했다. 캐나다의 언더그라운드 뮤지션 스페시픽스로부터 영감을 받았다. 시미가 전곡을 작곡하고 빈지노가 전곡을 작사했다. 마니아들 사이에서 베스트 트랙으로 꼽히는 'Smoking Dreams'에선 창작의 고뇌에 빠진 20대 초반의 빈지노를 느낄 수 있다. '나를 위로하던 누군가의 음악도 뚝딱 나온 게 아닐 것임을 깨닫고, 그간 나의 어머니가 그린 그림도 무심코 보던 어제보다 더 깊어'라고 고백한다. 어릴 적부터 알고 지낸 차인철 디자이너가 앨범 커버를 디자인했다. 현재 초판은 정가의 몇 배 이상으로 거래되고 있다. 빈지노는 얼마 전 콘서트에서 재지팩트의 다음 앨범 발표를 공식화했다. 미니 앨범을 기획 중이다.

24:26
빈지노

2012.07.03.

빈지노의 첫 솔로 앨범이다. 총 9개의 트랙으로 구성된 미니 앨범으로 스물넷부터 스물여섯
까지 느끼고 경험한 이야기들을 담았다. 진보, 도끼, 프라이머리, 필터, 시미 트와이스 등이 프
로듀서로 참여했다. 8번 트랙 'If I Die Tomorrow'에서는 내일 죽는다는 가정 아래 지나온 삶
을 담담하게 훑는다. '빨주노초 물감을 덜어, 하얀색 종이 위를 총처럼 겨눴던 어린 화가의 경
력은 뜬금없게도 힙합에 눈이 멀어 멈춰 버렸지만 전혀 두렵지 않았어'라는 대목에서 젊은 예
술가의 유년이 그려진다. 역시 차인철 디자이너가 아트워크를 맡았다. 당시 빈지노는 학업과
음악 사이에서 갈등했다. 강의실과 녹음실 사이에서 오도 가도 못하는 자신을 사막의 낙타로
표현했다. 초판 1500장은 발매 직후 완판됐다. 지금도 계속 재판을 찍고 있다.

DALI, VAN, PICASSO
빈지노

2013.12.18.

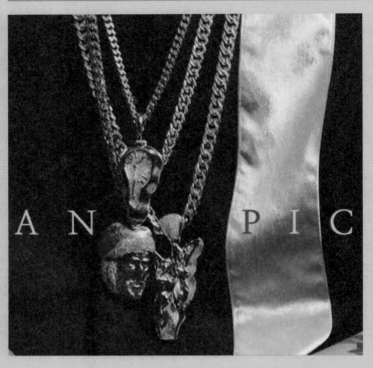

〈24:26〉 앨범 이후 처음으로 발표한 싱글 앨범이다. 빈지노가 '가장 합이 좋은 프로듀서'라고 밝힌 피제이가 프로듀싱을 맡았다. 음악과 미술을 병행한 자신의 정체성을 세 인물로 풀어냈다. '반 고흐의 달이 보이는 밤, 나는 물감을 고르듯 단어를 골라'로 시작하는 아티스트로서의 자신감은 '분명한 건 지금 내 몸 안엔 내가 아닌 누군가가 함께해'에 이르러 절정을 맞는다. 앨범 아트워크는 빈지노가 친구들과 결성한 아트 크루 아이앱의 첫 작품이다. 달리의 시계, 고흐의 자화상, 피카소 아비뇽의 처녀들을 형상화한 목걸이는 직접 디자인했다. 발매 즉시 음원 스트리밍 차트에서 1위를 기록했다. 샘플링 관련 논란이 있었지만 곧바로 실수를 인정하고 샘플 클리어(샘플을 사용하기 위해 원저작권자의 승인을 얻는 일)를 진행했다.

UP ALL NIGHT
빈지노

2014.07.16.

디자이너 브랜드 우영미WOOYOUNGMI의 파리 컬렉션 음악을 작업하며 구상한 프로젝트성 앨범이다. '자신감 넘치고 예술을 사랑하는 남자'라는 컬렉션 테마에 맞춰 '망나니의 하루'를 풀었다. 총 5개 트랙으로 구성됐으며 당시 언더그라운드에서 주목받던 뮤지션 던 밀스와 메이슨 더 소울이 객원 보컬로 참여했다. 1번 트랙 'Jackson Pollock's D*ck'에서는 잭슨 폴락의 액션 페인팅을 섹슈얼하게 해석한다. 4번 트랙 'Up All Night'은 이별 후 감성을 지금 세대의 언어로 노래한다. '결국 침대에서 인스타그램을 켰지. 나와 달리 너는 너무 멀쩡해. 그 와중에 넌 비싼 밥만 먹고 있네. 후식으론 벌꿀 얹은 아이스크림' 등의 표현이 빈지노답다. 아이앱이 아트워크를 맡았으며 빈지노가 예전에 낙서하듯 그려 놓은 그림을 앨범 커버로 썼다.

어쩌라고
빈지노

2015.03.11.

'바다만 한 오지랖이 날 집어삼키려 해'로 시작하는 이 곡은 스타 반열에 오른 빈지노가 느끼는 피로감이 날 선 가사에 녹아 있다. '증오는 유명인이 내는 세금 같은 거라고, 그래서 내가 돈을 버는 거라고 말하면 나는 답답해… 왜 내가 번 돈과 걔네가 번 돈의 환율이 서로 다른 게 되냐고'라며 속마음을 토해 낸다. 이어 '내가 말하고 싶은 건 다 살 거라는 거야, 내가 갖고 싶은 거면… 너네가 왈가왈부하든 말든 I'mma do what I wanna do'의 대목에서는 자신만의 길을 가겠다는 의지가 읽힌다. 아트워크의 원숭이는 아이앱 멤버 신동민의 아이디어다. 원숭이 이모티콘에서 모티브를 얻었다. 눈을 막고 귀를 막고 입을 막고 있는 원숭이 이미지를 통해 남들 얘기에 연연하지 않겠다는 마인드를 귀엽게 드러냈다.

BREAK
빈지노

2015.10.09.

첫 번째 정규 앨범의 선 공개 곡이다. 시원하고 통쾌하게 몰아치는 '분노의 래핑'이 강렬하다. 쿵쿵대는 비트 위로 '깨, 깨, 깨, 깨…'의 후렴구를 반복하며 틀에 박힌 사고를 깨부수라고 외친다. 빈지노는 '똑같은 새끼들은 지구에 쌔고 쌨어. 내 여자 친군 내가 최고랬어. 너넨 모두 줄자가 됐어. 맨날 재고 재서 난 삐뚤 하고 싶어'라고 다름을 강조하면서도 '일을 하기 싫어. 기계처럼 일만 하며 고장 나기 싫어'라며 비슷한 처지의 청춘을 대변한다. 앨범 커버에서 마네킹이 쓴 투구는 실제 수박 껍질을 잘라 제작했다. 아이앱 특유의 유머와 감각적인 색감이 묻어난다. 수박 투구 위에 새겨진 불꽃은 뭐든 하고자 하는 열망과 투지를 상징한다. 벽에 사정없이 머리를 박는 뮤직비디오도 화제가 됐다. 디지페디가 감독을 맡았다.

71

Snapshots

자택 공개는 어렵다는 빈지노의 바짓가랑이를 붙잡고 매달렸다. 36방짜리 필름을 넣은 카메라를 건네며 뭐라도 좋으니 자택 내부를 담아 달라고 당부했다. 며칠 뒤 카메라를 돌려받았다. 빈지노의 집과 녹음실 사진을 공개한다. 카메라는 야시카 T4, 필름은 아그파 비스타 200을 사용했다.

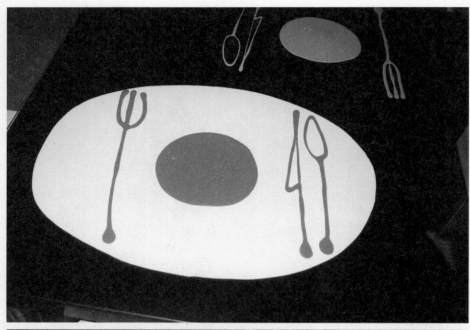

BEENZINO

close to you

빈지노의 작업실은 논현동에 있었다. 일부러 정리하지는 말아 달라는 말이 무색할 정도로 모든 게 자연스러웠다. 탁자 위 씹다 버린 껌이 이곳의 정서를 대변했다. 재떨이는 비울 때가 한참 지났고, 책장엔 살바도르 달리의 화집과 퍼렐 윌리엄스의 아트북, 맥심 잡지가 어지럽게 꽂혀 있었다. 그 앞에 놓인 강아지 인형은 목이 잘렸다. 금빛 야자수 아래 수박 헬멧을 쓰고 있는 마네킹과 눈이 마주쳤다. 꼰대 같은 날 비웃는 것만 같았다. 물감 냄새와 드럼 비트, 예술과 농담이 뒤섞인 이곳에서 빈지노는 하루 12시간 이상을 보낸다. 그를 기다리는 동안 소속사 홍보팀의 질문지 '검열'이 이뤄졌다. 힙합 정신을 들먹이며 '빨간 줄'과 싸우고 있을 때 빈지노가 나타났다. 그는 곁눈질로 질문지를 쓱 훑더니 말했다. "일단 다 물어보세요." 그럼 그렇지. 소파에 기대앉은 빈지노가 담배에 불을 댕겼다. 의자 옆으로 빔 프로젝터가 보였다. 자주 보는 게 있으면 틀어 달라고 했다. 그가 맥북을 꺼내 바탕 화면을 띄웠다. 여자 친구의 사진이다. "하하하하. 저건 찍지 말아 주세요. 사람들이 너무 좋아해서 안 돼요." 그는 황급히 가장 즐겨 본다는 시트콤 〈The Office〉를 틀었다. 빈지노는 '내 인생의 미드'라고 했다. 꺼진 조명 아래 긴 대화를 시작했다. 그는 담배 한 개비를 더 꺼내 물었다.

담배는 하루에 얼마나 피워요? 작업 많이 할 때는 거의 두 세 갑 피우는 것 같아요. 되게 많이 피우게 되더라고요.

끊을 마음은 없어요? 하, 끊을 생각이 있는데 진짜… 지금 당장은 끊기 싫은.

인터뷰 내내 그의 손엔 담배가 들려 있었다. 빈지노는 현재 첫 정규 앨범을 준비 중이다. 선 공개된 'Break'는 예고 편 격이었다.

예상을 깨는 음악이었어요. 호불호가 많이 갈렸는데. 그럴 거라고 예상했어요. 예상 그대로였어요.

대중의 반응에 대한 두려움은 없어요? 두려움이야 있죠. 근데 저한테 중요한 건 사람들이 좋아할까 싫어할까, 차트 가 어떻게 될까가 아니에요. 내가 작업한 노래가 내 마음 에 들까 안 들까 하는 거죠.

대중이 뻔한 걸 원하는 것 같나요? 그런 면도 있어요. 근데 전 뻔한 게 너무 싫어요. 그나마 저 같은 경우는 다른 뮤지 션에 비해 뭘 해도 사람들이 그러려니 하는 것 같아요. 그 걸 아니까 그냥 자신 있게 했죠.

이번에 음원 차트에서 1위는 못했어요. 항상 1위만 했던 건 아닌데? 전 그렇게 생각해요. 사실 제가 노래를 만드는 게 물론 팬들이 들었으면 하는 것도 있지만, 일단 작업은 나 좋자고 하는 거예요. 이걸 안 하면 답답하고 미치니까 하는 거죠. 차트에서 1위를 하고 안 하고는 뒷전이고요. 예를 들어 'Boogie On & On', 'Aqua Man' 같은 것도 처 음에 냈을 땐 아무도 몰랐어요. 그런데 나중엔 그 노래들 이 제 인생을 바꿨어요. 다른 노래들도 어떤 계기로 갑자 기 많은 사람들이 찾게 될지 모르죠. 그런 것에 큰 가치를 두지는 않아요. 대중 가수가 아니니까.

이번 앨범 아트워크인 수박 헬멧은 어떤 의미인가요? 원 하는 걸 하고자 하는 열정이 유난히 강한 사람들이 있어 요. 대다수는 포기하고 사는데. 물론 그게 나쁘다는 건 아 니에요. 어쩌면 그게 더 힘들 수도 있죠. 진짜 다 깨 버리고 죽여 버리고 싶은 상황에서 견디는 것도 용기라고 생각해 요. 그래서 투구를 떠올렸는데 진부한 투구는 아니었으면 좋겠고. 인생이 엄청 심각하지만은 않잖아요. 웃긴 일도 많고, 내가 바보 같기도 하고. 그런 인간적인 면을 넣고 싶 었어요. 예전에 모아 놓은 이미지 중에 강아지가 트리케라 톱스 투구를 쓰고 있는 게 있었어요. 다들 거기 꽂혀서 아 이디어가 쌓이다 보니까 수박까지 갔어요. 그럼에도 불구 하고 어떤 비장함, 진지함을 풍겼으면 했어요. 배경도 원 래 파랑, 분홍이 있었는데, 주황을 맨 마지막에 넣었거든 요. 활활 타오르는 느낌이 나더라고요. 이거다 싶었죠.

근데 왜 직접 안 썼어요? 내가 쓰면 너무 느끼하고 웃길 것 같았어요. 그래서 원중이 같은 잘생긴 모델, 여자, 할아버 지, 임산부, 다 생각하다가 마네킹이 남은 거예요. 뭔가 오 묘하잖아요. 저거 진짜 싸구려 옷 가게에 서 있는 마네킹 이에요. 원래는 수염도 있고 더 못생겼는데 동민이가 사포 질해서 저 정도로 만든 거예요.

이번 뮤직비디오가 B급 감성이잖아요. 원래 '병맛' 코드 같은 걸 좋아해요? 노래 자체가 약간 좀 '병맛' 콘셉트예 요. 비트도 그렇고 목소리 녹음한 것도 그렇고. 프로듀서 는 노래를 더 꾸미려고 했는데 제가 원래 데모 상태 그대 로 못 만지게 했어요. 세션도 연주자분들은 막 화려하게 하려고 하고, 전 못하게 하고.

투박한 느낌을 원했나 봐요? 네. 뮤직비디오를 감독한 디 지페디 형들도 노래를 듣고 그런 느낌을 떠올린 것 같아 요. 계속 머리로 뭔가를 부딪치는, 맨땅에 헤딩하는 것 같 은 코드를 말씀하시더라고요. 제가 생각했던 것들이랑 잘 어울리는 것 같아서 바로 찍자고 했죠.

블랙넛도 나왔어요. 이 정도면 성공한 팬인데, 실제론 어떤 사람이에요? 되게 열정적이고 순수하고 착해요. 예의 바르고 귀여운 것 같아요. 이번에 〈쇼 미 더 머니4〉를 보면서 진가를 알게 됐는데, 애가 정직하게 자기가 하고 싶은 걸 하는 게 보이고, 또 그러면서 자기 영역을 구축해 왔잖아요. 제 생각에 아티스트로서 제일 중요한 게 아이덴티티거든요. 아무도 블랙넛을 대체할 수 없다고 생각해요. 사실 그 아티스트가 없어도 대체 가능한 경우들이 많아요. 걔는 그렇지 않은 것 같아요.

블랙넛이 저희 잡지 보면 진짜 좋아하겠어요. 전에도 개한테 이런 얘기를 한 적 있을 거예요. 근데 개는 아무 생각이 없던데. 아, 그래요? 감사해요. 그냥 그러던데.

빈지노 씨도 팬이었던 버벌진트와 처음 작업했을 때 기억나요? 되게 좋았죠. 엄청 설렜고. 형 처음 만났던 날도 생각나요. 쌈디 형 따라서 부산 어디 공연장에 놀러 갔는데, 다 같이 밥을 먹는 자리에서 버벌진트 형이 제 맞은편에 앉았어요. 쌈디 형이 제가 좋아하는 걸 아니까 가깝게 앉혀 준 거예요. 비빔밥을 막 비비는데 옥수수 한 알이 떨어졌어요. 버벌진트 형이 하필이면 조리를 신고 있었는데 새끼발가락 사이에 옥수수가. 하하하하. 그래서 엄청 벌벌 떨었어요. 형이 발가락을 꼼지락꼼지락하더라고요.

말도 막 붙였어요? 팬이라고 하면서. 아니요. 저는 워낙 신인이니까 감히 말 꺼낼 용기가 안 났죠. 형도 별로 말을 안 했고.

버벌진트가 한국어 랩의 기반을 닦고, 빈지노가 완성시켰다는 얘기가 있어요. 두 분 다 라임이나 플로우에서 한계를 깼다는 평을 받는데. 제 목표가 그거였어요. 한국어 랩도 안 촌스럽게, 세련되게 했으면 좋겠다고 생각했고 형의 랩이 엄청난 동기 부여가 됐죠. 제 랩이 거의 버벌진트 형으로부터 시작한 거예요.

그런데 가사에 영어가 너무 많다는 비판도 있어요. 그건 신경 안 써요. 그렇게 말하는 사람들이 영어를 좀 더 잘하면 본인 스스로에게 더 좋을 텐데. 그런 생각은 해요.

이번 'Break'엔 한영 혼용이 없네요? 이런 노래에서 영어를 많이 쓰면 오그라들어요. 다 콘셉트가 있는 거죠.

첫 정규 앨범을 기대하는 팬들이 많아요. 부담은 되는데 최대한 신경 안 쓰려고 해요. 팬들이 기대하니까 그들이 좋아할 만한 음악을 해야 한다, 그런 건 없어요. 저는 마니아들을 싫어해요. 너무 틀에 박혀 있어서. 저는 한 가지를 엄청 좋아하거나 파고드는 성격이 아니에요. 물론 예전엔 그렇지 않을 때도 있었어요. 그땐 말도 안 통하고, 내가 최고라는 생각에 친구들과 싸웠던 기억도 있고. 그때의 내가 정말 별로라고 생각해요. 점점 더 다양한 게 좋아요. 빡빡한 마인드에 대화가 안 되는 사람들은 진짜 싫어요.

하루에 얼마나 작업실에 있어요? 보통 한 열두 시간 정도 있는 것 같아요. 오후 다섯 시 정도에 와서 아침 다섯 시나 더 늦어지면 여덟 시, 열 시까지? 거의 아침까지 있어요.

완전히 야행성이네요. 저녁 시간에는 작업 안 해요. 그냥 있거나 밥 먹거나 그러죠. 운동 갔다 와서 밤 열두 시나 한두 시부터 집중이 잘 돼서 그때 주로 작업해요.

아이앱에서 빈지노의 역할은 뭔가요? 제가 직접 뭘 만들기보다는 이게 괜찮다, 이건 좀 별로인 것 같다, 그런 길을 트는 것 같아요. 솔직히 제가 뭔가를 그려 내거나 만드는 기술은 부족해요. 대학 들어가서 거의 10년 동안 음악

만 했으니까. 그래도 감각은 살아 있어서 아이디어적인 측면에서 친구들에게 도움이 되려고 하죠. 그게 제가 잘하는 것이기도 하고. 어쩌면 친구들은 만들어 내기 바빠서 시야가 좁아질 때도 있을 거예요. 저도 노래 작업할 때 그래요. 좀 멀리서 보면 보일 때가 있어요. 그럴 때 제가 빛을 발하죠. 하하.

조소과는 어떻게 간 거예요? 친구 동민이가 설득했어요. 조소과가 그나마 공부를 덜해도 되고, 약간 멍청해도 갈 수 있다면서. 하하. 우린 영어를 잘하니까 준비하면 굉장히 가능성이 높다고 그래서 그때부터 하게 됐어요. 동민이는 계속 홍대를 준비했는데 자꾸 떨어져서 제가 그러지 말고 서울대 준비하라고 그랬죠. 서울대 준비하면 붙는다고. 하하. 그리고 바로 붙었어요. 한 번에.

입시 전문가네요. 서울대가 홍대보다 쉽구나. 그러니까요. 그걸 모른다니까 사람들이? 홍대가 얼마나 가기 어려운데. 하하.

빈지노의 책상 옆엔 유리로 된 장식장이 있다. '명예의 전당'이다. 드레이크, 에이셉 라키, 켄드릭 라마, 제이 콜, 얼 스웻셔츠, 플라잉 로터스, 타일러 더 크리에이터 등 아이앱 멤버들이 좋아하는 뮤지션들의 앨범이 진열되어 있다. 현재 가장 트렌디한 음악을 하는, 미국에서 제일 잘 팔리는 음반들이다. 맨 위 칸에 'Dali, Van, Picasso' 앨범 아트워크에 쓰인 목걸이가 보였다.

저 목걸이 제작비가 수천만 원대라고. 그렇죠. 직접 제작해서 돈이 많이 들었어요. 원래 이런 체인이 비싸거든요. 도끼가 하는 체인들 되게 비싸요. 근데 돈보다 중요한 건 그 목걸이에 담긴 의미죠.

어떤 의미가 있는데요? 흑인 래퍼들이 많이 하는 체인이 있는데, '지저스 피스'라고 해서 예수 얼굴이 큐빅으로 박혀 있어요. 제가 힙합을 하고 있긴 하지만 사실 힙합이 너무 좋고, 내 전부라고 생각하지는 않아요. 저는 흑인도 아니고, 그런 동네에서 살아 본 적도 없고, 그렇다고 흑인 여자를 좋아하는 것도 아니고. 아, 나도 저 문화에 들어가고 싶다, 나중에 흑인으로 태어나고 싶다, 이러지 않거든요. 제 뿌리는 미술가들이고, 그걸 힙합적인 것과 믹스하고 싶었어요. 나한테 중요한 건 예수보다 그런 것들이었으니까.

종교는 없어요? 없어요. 근데 신이 있을 수도 있다는 생각은 해요. 있으면 더 재밌을 것 같고. 그런데 막 심각하게 믿거나 그러진 않아요.

어릴 땐 음악보다 미술이 더 좋았나요? 어렸을 때는 그림만 그렸어요.

앨범 아트워크에 신경을 많이 쓰는 건 미술 학도로서의 스웨그인가요? 아까 말했듯이 저는 힙합에 목매지 않는 사람으로서 다른 래퍼들의 앨범 아트워크를 봤을 때 마음에 드는 게 없었어요. 난 죽어도 저렇게는 하지 말아야지, 뭘 하더라도 내 색깔이 들어갔으면 좋겠다는 생각이었어요. 개코 형이 다이나믹 듀오 앨범 커버를 디자인했다는 얘길 듣고 그걸 보기도 했는데, 전 그럴 용기는 안 나더라고요. 왜냐하면 내가 하면 앨범을 못 낼 수도 있겠다는 판단이 일찌감치 섰거든요. 하하. 그래서 내가 가장 좋아하는 사람들에게 맡긴 거죠.

작업은 다 자비로 하는 건가요? 사실 미술이란 게 그렇잖아요. 유명한 작가가 되기 전에는 돈 버는 게 쉽지 않죠. 아직 아이앱이 시작하는 단계라 제 돈이 많이 들어가긴 하는데 미래를 보면서 하고 있어요.

'The Color' 뮤직비디오를 미술관에서 찍었어요. 기분이 어땠나요? 색다른 경험이었죠. 다른 스태프들이 있는 게 분위기를 좀 망치긴 했어요. 마크 로스코 작품 앞에서 랩을 한다는 게 굉장히 멋있다고 느꼈죠. 뮤직비디오 촬영을 좋아하진 않는데 그땐 되게 재밌게 했어요. 흥미로웠어요.

제이지가 먼저 미술관에서 뮤직비디오를 찍었는데. 네, 'Picasso Baby' 들고 나왔을 때. 제 생각은 그랬어요. 제이지가 미술을 해 봤으면 얼마나 했고, 보는 안목이 있으면 얼마나 있겠어요. 내가 하면 더 재밌게 잘할 수 있다는 생각이 들어서 'Dali, Van, Picasso'나 'Jackson Pollock D*ck' 같은 곡을 만든 거죠.

예고 시절엔 입시 스트레스로 많이 힘들어했다고 들었어요. 도끼처럼 자퇴할 생각은 없었나요? 그러긴 싫었어요. 학교도 너무 재밌었고 친구들도 좋았어요. 그런 걸 포기하고 검정고시 학원에 가고 싶지는 않았어요. 제가 좋아하는 부류의 사람들이 꼭 그런 필드에 있는 사람들도 아니고, 그게 쿨하다고 느끼지 않아서. 입시는 괴로웠지만 전 기본적으로 학교를 좋아했거든요. 여자애들도 예쁘고 재밌고, 선생님들도 좋고, 그림 그리는 것도 재밌고.

그래서 연기 학원으로 도망친 건가요? 하하. 제가 대중 가수를 안 한 이유가 저한테 엔터테이너적인 끼가 없다는 걸 거기서 알았거든요. 거기 있는 애들은 너무 시끄럽고 '또라이' 같은 거예요. 엄청 활발하고. 그 기에 눌려서 아, 이 바닥은 나 같은 미술쟁이는 감히 덤빌 수 있는 데가 아니구나. 이걸로 대학을 간다고 생각한 게 멍청한 선택이었다는 생각이 들었죠.

재수 시절에는 오직 서울대를 목표로? 아뇨, 전 서울대보다는 한예종을 가고 싶었어요. 사실 한예종을 먼저 붙었어요. 그래서 나 이제 화실 안 나가겠다, 서울대는 면접도 안 보겠다고 하고 바로 집에서 음악 작업하고 있었는데, 선생님이 자기 얼굴 봐서라도 면접은 보라고 해서 억지로, 억지로 가서 봤죠. 그때 선생님이 나중에 뭘 하더라도 서울대를 가면 일하는 데 수월한 점이 분명히 있을 거라고 설득을 하셨어요. 근데 확실히 효과가 있긴 있었던 것 같아요. 그건 부인할 수 없는 거죠.

입학하자마자 음악만 할 생각이었는데 대학을 꼭 가야 했나요? 엄마 때문이에요. 내가 아예 안 하겠다고 해 버리면 엄마가 너무 충격 먹을 것 같아서. 그리고 대학을 가는 게 너무 당연했던 때라 그걸 박차고 나갈 용기도 없었죠.

대학에 가니까 내 세상이던가요? 대학교가 노는 데가 아니네 했어요. 전 항상 다음 단계 생각을 잘 못해요. 초등학교에서 중학교 넘어갔을 때도 아, 공부라는 걸 좀 해야 되나 보다 했고, 서울예고를 가면 재밌는 고등학교 생활이 펼쳐질 줄 알았는데 아, 수능이라는 게 있네 했고. 전 그때 수능의 존재를 처음 알았어요. 마찬가지로 대학에 와서도 아, 여긴 정말 진지한 곳이구나. 수강 신청도 내가 해야 하고. 정해진 대로 배우는 게 아니라 선택해서 배우는 거니까 의지가 없으면 되게 힘들겠다는 생각이 들었어요.

대학생다운 가사로 공감을 많이 얻었어요. 본인의 가사가 쿨하긴 하지만 좀 가볍다는 생각은 안 들어요? 가볍다고 생각해요. 그래서 사람들이 가볍게 들을 수 있는 것 같고, 저도 그런 걸 좋아하는 사람이고요. 전 제가 진지하고 어려운 걸 쓰지 않았으면 좋겠어요. 진지한 주제더라도 남들이 그걸 봤을 때 얘는 말이 안 통하겠다고 느낄 정도로 부담스럽게 느끼지는 않았으면 좋겠어요.

사회적인 메시지를 던지고 싶은 욕심은 없어요? 그런 것들에는 관심 없어요. 저한테는 제가 최고니까 저에 대해서만 쓰고 싶어요. 사회가 어떻게 굴러가든 나한테만 피해를 안 줬으면 좋겠고, 내가 작업하는 데 방해만 안 되면 되는 거지 굳이 제가 나서서 지적하고 싶지 않아요. 바뀔 것 같지도 않고.

디스에 대해선 어떻게 생각해요? 얼마 전 '할렐루야'에선 프로듀서들을 언급했는데. 그 사람들을 디스했다기보다는 그냥 있는 사실을 말한 거예요. 예전부터 꼭 해야지 싶

었던 거고. 언젠가 맞는 곡이 나타나면 그 사람들의 심기를 한번 불편하게 해야겠다 싶었어요. 나도 그때 엄청 불편했으니까. 그런데 기본적으로 어떤 상대를 지목해서 디스를 하는 행위 자체는 좀 소모적인 것 같아요. 전 남한테 관심도 없고 내가 디스를 함으로써 누군가 나로 인해 관심을 받는 게 싫어요. 더군다나 그게 싫어하는 사람이라면 그 사람이 나 때문에 돈 버는 건 더 싫죠.

'할렐루야'에서 빈지노는 언더그라운드 시절 에피소드를 풀었다. '어떤 프로듀서가 내게 그런 말 했네… 날더러 턱 좀 깎고 하면 되겠대. I don't need ur bullet proof… 작업비로 150을 받기로 했는데 프로듀선 결국에 돈 대신 줘도 안 쓸 비트를 내게 준다고 했고 난 됐다고 했어.' 모든 결정의 순간에서 그의 기준은 늘 하나였다. 남들과 같지 않을 것. 그 마인드가 지금의 빈지노를 있게 했다.

방송을 안 하고도 이만큼 성공한 래퍼가 없잖아요. 어떻게 가능했을까요? 남들과 다르게 가려다 보니 생긴 행운 같아요. 다른 힙합 가수들이 예능, 토크쇼에 나가서 이슈를 일으킬 때 저는 그런 방식으로 유명해지고 싶지는 않았어요. 차라리 인스타그램을 열심히 하면 했지. 〈라디오 스타〉도 거절했던 이유가 '힙합 특집' 이런 걸로 같이 묶이는 걸 되게 싫어하거든요. 다른 사람들이랑 똑같은 것처럼 묶어놓는 게 진짜 싫어요. 계속 그렇게 다른 길을 갔던 게 저의 힘이고, 아무래도 음악이 좋다 보니까 사람들이 듣게 된 것 같아요.

〈무한도전〉이나 〈비정상 회담〉에는 출연했는데요. 출연 시기가 다 달라요. 몰아서 출연하는 법은 없어요. 제가 평소에 보는 방송에 흥미가 생길 때만 나가거든요. 〈라디오 스타〉 작가가 어디 가서 그랬대요. 다른 가수들은 못 나와서 난리인데 빈지노는 〈라디오 스타〉는 싫다면서 왜 〈비정상 회담〉엔 나가는지 이해할 수 없다고. 전 라스가 재밌는지도 사실 잘 모르겠어요. 그 프로그램은 그냥 웃기고 말 잘해서 대박 터트리는 게 주목적인 것 같은데, 전 그런 것들에 재미를 못 느껴요. 차라리 외국인들이 한국말로 토론하는 게 더 재밌거든요.

정준하 씨에게 랩을 가르치는 건 어땠어요? 랩이라는 게 누군가에겐 이렇게 어려울 수도 있구나. 하하. 그래도 새로운 걸 하고자 하는 시도가 좋았어요. 나중에 녹음할 때 좀 더 봐줄 수 있냐고 연락을 주셨는데 그건 정중하게 거절했죠. 시작 단계에서 살짝 도와주는 정도로만 참여하고 그 곡을 책임지고 싶지는 않았어요.

또 어떤 프로그램을 즐겨 봐요? 〈마녀사냥〉이랑 〈그것이 알고 싶다〉. 〈그것이 알고 싶다〉만 못 나갔어요. 거기 나가면 힘들어질 것 같아서. 하하. 〈쇼 미 더 머니4〉도 초반에 보다 말았어요. 티브이를 잘 안 보긴 해요. 전 아직까지 제가 나온 방송도 안 봤어요.

인터뷰 시간이 다해 갈 무렵 그의 전화벨이 울렸다. 올 초 갤럭시 광고를 찍기도 한 빈지노의 휴대 전화는 아이폰이었다. 모델로서 '배신'이 아니냐는 물음에 아무렇지 않게 답했다. "아이폰을 더 좋아하니까." 첫 번째와 두 번째 인터뷰 사이에 그의 단독 콘서트가 있었다. 2000여명의 팬들이 콘서트홀을 가득 메웠다. 관객 대부분은 10대와 20대 초반이었다. 성비는 6:4 정도로 여자가 더 많았다.

그날 공연은 만족스러웠어요? 공연은 할 때마다 100퍼센트 만족하진 못해요. 그래도 재밌게는 했어요. 저 말고도 아이앱 친구들이나 일리네어 스태프들, 도끼랑 더 콰이엇 형들이 많이 도와주셔서. 감사하게 생각하죠, 이런 공연을 할 수 있다는 것에.

끝나고 뒤풀이는 세게 했어요? 네, 했죠. 일리네어가 원래 뒤풀이를 안 하는 스타일인데 그날은 도와주신 분들이랑 대기실에 같이 온 친구들이 꽤 많았거든요. 밴드도 있고. 뒤풀이의 중요성을 갑자기 딱 깨닫고 꽃등심을 쐈죠. 그날은 저도 술 좀 마셨어요.

주량은 얼마나 돼요? 못 먹어요. 그런데 안 먹어도 술자리에서 분위기는 잘 타요. 오히려 더 잘 놀고. 주량은 한계까지 마셔 보진 않아서 잘 모르지만, 마실 수 있는 걸 기준으로 하면 와인 두 잔 아니면 맥주 한 잔. 그날 뒤풀이 땐 다섯 잔은 마신 것 같아요.

라이브가 약하다는 얘기도 있던데 직접 보니까 그렇지도 않던데요. 그거야 뭐 어차피 신경 안 써요. 제 공연에 와 주신 분들 피드백을 들어 보면 다 그러더라고요. 물론 기복은 있을 것 같아요. 제 목소리가 워낙 약하긴 한데, 그 외에도 공연장 컨디션이라든가 이런 것에 따라 대학 행사 같은 건 아무래도 그때그때 다르죠.

요즘도 무대에 설 때 긴장이 돼요? 약간 되긴 하죠. 근데 그게 설레는 정도의 느낌인 것 같아요.

언더그라운드 시절 처음 클럽 무대에 섰을 때 기억나요? 언더그라운드 마이크로폰 어쩌고 하는 'UMF'라는 작은 공연이었어요. 2008년인가 그래요. 제 곡 아무것도 없을 때죠. 헤드 아티스트만 정해져 있고 나머지는 아마추어들로 채워지는 공연이었어요. 급하게 곡을 만들어서 무대에 섰어요.

그땐 많이 떨었어요? 가사는 안 절고? 되게 떨렸죠. 머릿속이 계속 물음표였던 것 같아요. 가사 실수는 당연히 있었죠. 지금도 실수가 많은데 그땐 더 심했죠.

사람들 반응은요? 별로 좋지는 않았던 것 같아요.

이번 콘서트에 재지팩트 무대를 볼 수 있어서 반가웠어요. 시미처럼 비트 메이킹을 하고 싶진 않아요? 욕심은 있어요. 틈나는 대로 비트를 만들어 보기도 하는데 좀 그래요. 일단 저 스스로도 이게 진짜 좋은 건가에 대해서 아직은 의심이 들어서 섣불리 내 트랙을 만들고 싶지는 않아요. 사실 지금도 누군가 제 곡의 비트 작업을 할 때 제 아이디어가 많이 들어가긴 하거든요. 그렇다고 크레디트에 제 이름을 올리진 않죠. 다른 래퍼들은 훅 멜로디 하나 짰다고 작곡자에 넣기도 하는데, 저작권료에서 제 몫을 가져가면 프로듀서한테 돌아가는 게 줄잖아요. 배려를 하는 건데 사람들이 보기엔 한 발 물러서 있는 것처럼 보이겠죠.

멜로디 라인은 다 직접 써요? 제 목소리로 하는 건 다 제가 짜는 거죠.

빈지노는 최근 신승훈의 컴백 앨범 타이틀곡 '마요'에 피처링으로 참여했다. 음악계에서 그는 자타공인 '피처링 섭외 1순위'다.

왜 그렇게 다른 가수들이 빈지노를 찾을까요? 전 여러 가지를 할 수 있다고 생각해요. 스웨깅도 할 수 있고, 감성적인 것도 할 수 있고, 자전적인 노래도 할 수 있고. 부드러운 노래에 가사 쓰는 것도 좋아해요. 그런 것들이 그동안 작업한 곡들에서 느껴지니까. 저는 장르가 뭐든 그 분야에서 좋은 곡이면 상관없어요.

다른 가수 노래에 피처링은 많이 하면서 정작 본인 노래엔

피처링이 거의 없어요. 하면 편하긴 할 텐데 아직까진 제 음악에 욕심이 많은 것 같아요. 일단 혼자 할 수 있는 데까지 최대한 해 보는 편이에요. 또 보컬 피처링을 잘 안 쓰는 건 곡이 너무 느끼해지는 게 싫어서. 제가 부르면 기교가 없다 보니까 덜 강하고 담백한 느낌이 들거든요. 그게 더 특이하기도 하고. 하지만 곡을 더 좋게 하기 위해 꼭 필요한 경우엔 써요. 메이슨 더 소울 같은 친구들.

재지팩트 1집을 돈을 빌려 만들었다고요. 당시에도 다른 가수들 피처링을 많이 할 땐데 수입이 별로 없었나요? 다 공짜로 해 줬죠. 지금이야 돈을 요구할 수 있지만 그때는 서로서로 돕는 거라서. 지금도 같은 힙합을 하거나 예전부터 알던 사이면 잘 안 받아요.

그 당시엔 공연하면 얼마씩 받았어요? 핫 클립 때는 20만 원 정도? 재지팩트 하면서 100~200만 원까지 갔다가 솔로 앨범 내고 확 뛰었죠.

예전 가사에서 '알바 뛰는 것은 예술가에게 있어서 self disrespect'라고 했어요. 먹고살려면 알바도 해야 하는 것 아닌가요? 그건 저랑 경쟁 관계에 있던 사람들한테 한 말이에요. 음악을 하려고 준비하는 친구들한테 알바 뛰니까 넌 구리다는 얘기가 아니에요. 다만 제가 원하는 삶은 다른 걸로 돈 벌 시간에 내가 좋아하는 걸 더 잘하고 싶었고, 그게 저 스스로에 대한 리스펙트라고 생각했던 거죠. 힙합적인 표현이었고 큰 의미는 없어요.

재지팩트의 다음 앨범을 기다리는 팬들이 많아요. 1집 때의 감수성과는 많이 달라져 있겠죠? 사람이 맨날 같으면 어떻게 발전을 해요? 거기서는 이제 벗어나야죠. 그렇게 하고 싶어도 못 해요. 사운드는 재즈 힙합적인 요소도 있고 거기서 벗어난 것도 확실히 있는 것 같아요. 시미가 큰 틀을 짜고 있어요.

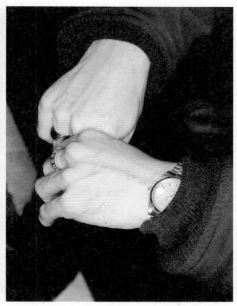

이날 인터뷰 장소는 일리네어 레코즈 사무실이었다. 도끼는 사이먼D가 DC트라이브에 올라온 빈지노의 녹음 파일을 듣고 쪽지를 보낼 때 바로 옆에 있었다.

일리네어에 처음 들어갈 때 둘과 잘 맞을 거라고 생각했어요? 스타일이 굉장히 다르긴 해요. 성격도 노는 문화도. 근데 전 어딘가에 속하거나 들어갈 때 저랑 얼마나 비슷한지는 고려하지 않아요. 오히려 저와 다른 걸 원했어요. 어차피 나 같은 애는 나 하나로 족하다고 생각하고, 다른 사람들이랑 있을 때 배울 점이 많다고 생각하기 때문에. 전 일단 제 주변에 있는 사람이 그 분야 최고의 쩌는 사람이었으면 좋겠어요. 그 두 분은 제가 생각할 때 한국 힙합에서 최고라고 생각해요.

영입 제안을 하면서 신발을 선물했다고요. 뭘 사 주던가요? 에어 조던 8시리즈 중에 남색/주황색이었어요. 친구가 그걸 신었는데 예쁘더라고요. 그래서 갖고 싶었는데 그

걸 사 와서 엄청 좋았죠.

신발에 넘어간 거네요. 계약 기간은 언제까지예요? 그런 거 없어요. 계약서도 없고. 그때 얘기했던 건 나가고 싶을 때 얼마든지 나가도 된다, 그냥 자유롭게 같이 음악 하면 된다, 이게 다였죠.

수입의 어느 정도를 레이블에서 가져가요? 이 둘은 저로 돈을 벌려는 사람들이 아니에요. 제가 90퍼센트 이상 가져가는 것 같아요.

'나이키 슈즈'에서 '왜 여자들은 명품에 환장해?'라던 빈지노가 1년 만에 '일리네어 갱'에서 명품 브랜드를 줄줄 읊었어요. 괴리감을 느낀다는 팬들도 많았는데. 그랬죠. 근데 사실 가사를 잘 보면 '캠퍼스 안의 명품백'이에요. 다른 데서 명품백을 들고 다니는 건 별생각이 없었어요. 전 여대생들이 루이비통 같은 큰 백에 책을 넣고 다니는 게

97

싫었거든요. 백팩 같은 걸 안 멘단 말이에요. 그게 너무 이상했어요. 학교에 오는데, 왜?

여성스러운 옷에는 백팩이 안 어울릴 수 있잖아요. 그렇긴 하죠. 근데 공부하러 오는데 뭐 하러 그렇게. 이화여대에 다니는 친구들이 많았는데 하나같이 다 그래서 그냥 걔네들 놀리는 거였어요. 사람들이 그 가사에 많은 의미를 부여하는데 사실은 그렇게 신경질적으로 굴 필요가 없는 라임이었죠.

사무실 한쪽 벽에는 책들이 꽤 꽂혀 있었다. 《부자가 되는 과학적 방법》이라는 제목이 눈에 띄었다. 옆에 있던 스태프는 "일리네어의 사훈 같은 책"이라고 했다. 물론 빈지노도 읽었다.

돈 버는 방법을 알려 주는 실용서인가요? 그런 건 아니고 이 우주엔 벌 수 있는 돈이 많으니까 무한한 가능성을 믿고 의심하지 말라는 메시지에요. 이 책도 재밌게 읽긴 했는데, 전 이거 말고도 《지금 당장 롤렉스 시계를 사라》라는 책을 굉장히 좋아했어요. 읽으면서 와, 쩐다, 진짜 이런 식으로 살아야겠다, 그랬어요. 당시 도끼랑 더 콰이엇 형이 롤렉스를 막 사고 그럴 땐데 전 사기 전에 그 책을 먼저 읽은 거죠. 그리고 둘한테 전파했는데 둘이 그 책을 읽고 우리 인생 같은 책이라면서 난리가 났어요.

그래서 그 책을 읽고 롤렉스를 질렀어요? 그렇죠. 이틀 뒤엔가 바로 샀어요. 책에서 생각만 하지 말고 행동하라고 했거든요. 하라면 해야지. 일단 겁을 먹으면 안 돼요. 아, 내가 어떻게 모은 돈인데, 이러면 안 돼요. 정말 많이 모은 다음에 쓰기는 더 힘들어요. 전 그때 돈 얼마 없었어요. 한 오백만 원 있었나? 그거밖에 없었는데 중고 롤렉스를 샀죠, 싼 거. 전 어차피 빈티지를 좋아하니까. 살 때 엄청 기뻤어요. 가사도 더 잘 나오고. 그러면서 일이 더 잘 되고

돈도 계속 벌린다는 논리인데, 저희야 큰돈이 금방 바짝 벌어지기도 하니까 그런 걸 할 수 있는 거죠. 근데 월급도 몇 년 동안 모아야지 하고 거기 갇혀 버리면 다 모았을 때 쓰고 싶은 마음이 안 들어요. 더 모으게 되지. 작은 포부로는 큰 걸 얻어 내기 힘들다는 교훈이죠. 저도 그게 멋지다고 생각해요.

도끼는 연봉이 10억 원이라고 밝혔어요. 빈지노 씨는 솔직히 얼마나 벌어요? 저도 그 정도 될 것 같아요.

공연 수입이 주수입인가요? 공연이랑 유가 화보, 광고, 음원, 모든 게 다 주수입이죠.

몇 년 전엔 '힙합계의 장윤정'이라는 별명도 있었어요. 행사를 많이 할 땐 하루에 몇 개나? 많으면 세 개 했었는데 그러다 보니까 목도 안 좋고 다른 걸 못하더라고요. 돈은 많이 벌었지만. 그런 욕심은 이제 버렸어요. 지금은 작업도 해야 하고, 아이앱도 있어서 일주일에 두 개 이상은 안 한다고 정해 놨어요.

도끼, 더 콰이엇과는 음악적 성향이 좀 다르죠? 두 분은 흑인들이 하는 메이저 힙합을 하고 있고, 저는 얼터너티브 힙합인 것 같아요.

자동차 취향도 다 다르죠? 도끼는 비싸고 화려하고 많이 갖는 걸 좋아하는 것 같아요. 동갑이 형(더 콰이엇의 본명)은 스포츠카 위주예요. 쿠페나 2도어를 좋아하죠. 저는 실용성을 따지고 가끔 기분 낼 때 모는 정도예요.

셋이 만나면 주로 뭘 해요? 얘기를 많이 하죠. 주로 제가 궁금한 걸 물어보거나 그간의 힙합 소식을 둘한테서 듣거나. 제가 음악적으로 고민하는 부분은 최종적으로 둘한테 상의하는 편이에요.

지난 4년간 많이 가까워졌나요? 처음엔 둘이 저를 핸들링하기 어려워했어요. 제가 좀 제멋대로인 게 있어서 항상 뭔가를 같이 할 준비가 되어 있지 못했거든요. 그래서 좀 미안한 감이 있는데 이제 많이 적응하셨을 거예요. 저도 둘한테 적응했고.

둘에 비하면 데뷔 이후 비교적 짧은 기간에 지금의 자리까지 왔어요. 일리네어 특유의 '한풀이' 정서에 공감하세요? 그럼요. 저도 바닥이었던 때가 있으니까. 우리 집이 찢어지게 가난한 적도 없었지만 부자였던 적도 없어요. 제 안에도 그런 정서가 있죠. 아무것도 없었지만 매순간 저한테만 집중해서 살았기 때문에 여기까지 왔다고 생각해요.

일리네어에 온 뒤로 많은 게 달라졌을 텐데, 언더그라운드 시절로 돌아가고 싶은 때도 있어요? 많죠. 근데 어차피 못 돌아가는 거니까. 아무 생각 없이 노래 만들고 놀고. 그땐 그게 전부였어요. 아티스트로서도 더 좋았던 것 같아요. 지금은 훨씬 많은 사람들이 제 노래를 알고 돈도 더 벌긴 하지만 즐거움으로 따지면 그때가 훨씬 재밌었어요. 지금은 생각이 너무 많아졌고, 앞으로 더 많아지겠죠.

4년 전으로 돌아가도 다시 일리네어를 선택할 건가요? 당연하죠. 저한테는 여기만한 곳이 없어요.

지금 힙합이 나름 대세잖아요. 얼마나 갈까요? 글쎄요. 힙합을 하는 사람들이 얼마나 자기 음악을 질리지 않게 만드느냐의 문제겠죠.

스스로 '힙합에 미쳐 있지 않다'고 말하는 빈지노는 래퍼들보다 미술, 패션 등 다양한 분야의 사람들과 어울리며 영감을 얻는다.

인스타그램을 보면 밴드 혁오의 오혁 씨랑 찍은 사진이 많아요. 혁이는 제 친구들이랑 교류가 더 많아요. 인간적으로 많이 친한 관계가 됐지만 음악적으로도 멋있고. 존중하는 친구죠. 귀엽기도 하고.

래퍼가 아닌 분들이 주변에 더 많은 것 같아요. 또 어떤 분들이랑 어울리나요? 이덕형(DHL)이라고 데드엔드라는 파티 크루의 비주얼 아티스트, 어반자카파, 2AM의 진운이, 원더걸스 친구들. 모델 중에서는 필수도 있고 원중이도 있고, 한승재라고 문신 많은 친구도 있고. 주로 이렇게 어울려요.

작년 서울 패션 위크 땐 런웨이에서 랩을 했어요. 그땐 그런 패션 행사를 한창 좋아하던 시기라서 많이 참석했는데 작년 말부터 안 가고 있어요. 힙합이 유행하면서 다른 힙합 뮤지션들이 많이 오기 시작하더라고요. 그래서 안 갔어요. 하하하. 너무 흔한 느낌이 들어서. 흔한 사람이 되고 싶진 않아요.

화보도 많이 찍잖아요. 모델 일이 적성에 맞아요? 어렸을 때 〈모델〉이라는 드라마가 있었어요. 그걸 보면서 모델을 해 보고 싶다고 생각했었는데 실제로 하니까 쉽지 않더라고요. 어려웠지만 재미는 있었어요.

인터넷에 떠도는 '빈지노 패션 암흑기' 사진은 봤어요? 네, 봤어요. 그거 보고 웃는 사람들이랑 같은 날로 돌아간다면 제가 더 잘 입었을 거예요. 그 사람들한테 말하고 싶어요. 자기들도 사진 까 보라고. 하하하하.

그땐 정통 힙합 룩을 추구하셨던데. 그랬죠. 그때는 나보다 힙합이 더 좋다고 생각했는데 이제는 내가 더 좋기 때문에 그렇게 안 입죠. 하하.

집에 드레스 룸을 제대로 꾸려 놨나요? 제가 정리 정돈을

진짜 못해요. 그래서 아무 데나 던져져 있어요. 얼마 전에 신발장이랑 옷장이랑 싹 정리했는데 안 입는 옷이 너무 많고, 다 새 옷이고. 진짜 좋은 거예요. 지금은 시스템이 아주 잘되어 있어요.

과감한 스타일을 시도하지는 않는 것 같아요. 패션 피플이 되고 싶은 욕심은 없어요? 그런 과한 건 별로 욕심이 없고, 제가 좋아하는 스타일의 여자들은 그런 걸 별로 안 좋아하는 것 같아요. 그래서 저도 별로.

좋아하는 여자 스타일은요? 백팩 메고 운동화 신는 여자? 그런 여자가 좋죠. 담백하면서도 시크한 스타일. 막 엄청 화려하게 꾸미는 여자들은 안 좋아해요. 제가 그러고 싶지 않듯이.

이성을 볼 때 스타일을 많이 보는 편이에요? 그게 주가 되지는 않아요. 옷을 잘 입지 않더라도 그 사람의 옷 입는 공식이 보이기 시작하면 그 자체로서 매력을 느끼기 때문에. 제 여자 친구는 항상 저한테 어떻게 입을지 물어봐요. 제가 도와주죠.

여자 친구와 데이트는 주로 어디서 해요? 제가 힙한 곳, 힙스터 플레이스를 굉장히 싫어해요. 뭔가 그 재수 없는 기운이 싫거든요. 하하. 전 가족적이고 편안한 장소가 좋아요. 식당도 아저씨들이 많이 가는 곳, 아줌마 친절한 곳이 좋아요. 맛있는 게 우선이고.

단골집 몇 개만 알려주세요. 청담동 영천영화(고깃집), 가로수길 브루클린 버거, 신사동 은행골. 이런 데 가면 언젠가 저랑 한 번쯤 마주칠 수 있어요.

여성 팬이 많잖아요. 어떤 부분을 좋아하는 것 같아요? 어릴 땐 지금처럼 대중적으로 인기가 많은 스타일은 아니었어요. 학교에서도 항상 이상한 여자애들이 좋아하는 타입이었고. 근데 저를 좋아하는 분들이 제 겉모습을 보고 그러는 건 아니라고 생각해요. 전 어렸을 때부터 제 코드가 있었어요. 저란 사람이 풍기는 어떤 것들에 끌리는 게 아닌가 싶어요. 남자도 여러 타입이 있잖아요. 저 같은 타입이 나쁜 타입은 아닌 거죠. 하는 일도 그렇고, 능력치도 그렇고.

연애할 땐 어떤 스타일이에요? 다정한 편이에요. 제가 가벼운 연애를 잘 못해요. 제가 정말 믿을 수 있고 신경 쓰는 사람이어야 만날 수 있거든요. 그러다 보니까 제 인생에 되게 가까이, 깊숙이 들어와요. 다른 사람한테 보여 주지 않는 비교적 어두운 면들을 보여 주는 걸 겁내지 않죠.

어두운 부분이 많은가요, 본인 안에? 전 생각도 많고 고민도 많이 하는 편이에요. 친구들하고도 내 기분과 감정에 대해서 많이 얘기하고.

의외네요. 워낙에 쿨한 이미지라서. 쿨하지도 않아요. 기분 나쁠 땐 나쁘고 거짓말해야 할 땐 거짓말도 잘하고 그래요. 전 사람들이 저를 인간적인 아티스트로 생각했으면 좋겠어요. 나도 나를 싫어하는 사람을 만나면 쌍욕 할 수 있고, 그 사람을 때릴 수도 있고, 해코지를 할 수도 있고, 나한테 못되게 구는데도 잘해 주고 싶은 마음은 하나도 없어요. 나도 당신들이랑 똑같은 사람인데 그냥 다른 직업을 갖고 있는 사람이고, 그 안에서도 스스로의 영역을 갖고 있는, 그냥 어떤 좀 쩌는 인간이라고.

이제 곧 서른인데요, 30대를 맞는 각오라면? 기본적인 생각 자체는 스물한 살 때랑 별반 다른 게 없어요. 아직 열정도 많이 남아 있고. 물론 가끔 예전에 비해 나이가 많이 든 걸 느끼긴 하는데, 그게 나쁘지는 않은 것 같아요. 나는 또 나만의, 30대만의 매력을 갖출 시기가 된 거니까요. 어떻

게 멋있게 나를 가꿀까, 치장할까를 생각하면 되게 설레요. 재밌을 것 같아요. 저는 많은 여자들을 랜덤하게 만나서 재미 보고 싶은 라이프 스타일을 추구한다든가, 엄청 화려하고 정신없는 걸 즐기는 성격은 아니거든요. 지금은 아이앱이라는 예술적 집단을 가지고 어디까지 갈 수 있느냐 하는 꿈에 부풀어 있는 단계예요. 좀 더 어른스러움을 경험하고 싶고, 빌딩도 사고 싶고, 예전에 보지 못했던 더 큰 뭔가를 보고 싶어요. 어려지고 싶은 미련은 버리기로 했어요.

아직 군대를 안 갔는데 정규 앨범 내고 가는 건가요? 네, 앨범 내고 소리 소문 없이 떠나야죠. 아… 저도 좀 쉬고 싶어요. 두렵긴 한데 잠깐 생각하는 걸 멈추고, 또 다른 세계를 경험하고 싶긴 해요.

제2의 빈지노를 꿈꾸는 래퍼 지망생들에게 한마디 한다면? 제2의 빈지노를 꿈꾸는 순간 끝이에요. 저도 어릴 적엔 제2의 개코, 제2의 버벌진트라고 생각했지만, 제 영역을 갖추기 시작하면서 제2의 누가 되면 나는 아무것도 아닌 게 된다고 느낀 시기가 있었어요. 어떤 자리에서 한 친구가 저에게 애정을 많이 보여 줬는데, 지금은 귀여운 단계지만 나중에 아티스트가 되어서도 그런다면 곤란하겠죠. 자기 자신을 더 존중하고, 스스로에 대한 고찰이 있어야 한다고 생각해요. 그랬으면 좋겠어요.

살면서 제일 잘했다 싶은 건 뭔가요? 어렸을 때 그림 그리기 시작한 거.

음악을 만들 때 그림을 많이 봐요? 달리 화집 같은 걸 보면 엄청 비현실적이고 그렇잖아요. 되게 설레거든요. 그런 느낌을 받고 작업을 시작할 때도 있죠.

새 앨범은 언제쯤 들어 볼 수 있나요? 올해 말로 생각하고 있는데 내년 초가 될 수도 있어요. 곡이 좋아야 하니까요. 근데 가까운 시일 내엔 나올 거예요. 멀지는 않았어요. 제 느낌에는.

이제 빈지노만의 색깔을 찾은 것 같나요? 여전히 찾는 과정인 것 같아요. 우리나라에서 음악을 한다는 게 되게 어려운 일이에요. 음악이든 미술이든 뭐든. 자기 정체성을 찾는 시기도 없이 일을 먼저 시작하는 경우가 많아요. 그런 걸 저는 수준이 낮다고 생각하거든요. 모든 인프라가 부족하죠. 시간적인 여건이나 사회적 시선, 의무의 강요, 보수적인 민족성 … 그런 걸 다 따졌을 때 우린 자유롭지 못해요.

어딘지 그는 맺힌 게 많은 듯했다. 스물여섯의 빈지노는 'If I Die Tomorrow'에서 자신의 마지막 하루를 노래했다. 스물아홉의 그는 어떨까.

오늘이 생의 마지막 날이라면 누구와 뭘 하시겠어요? 할 게 너무 많을 것 같은데. 아, 뭐하지? 전 그냥 혼자 집에 있을 것 같아요. 혼자 있는 걸 워낙 좋아하니까 맨 마지막에도 그걸 택하지 않을까. 스스로를 정리하는 시간을 갖고, 영화도 보고, 반신욕도 하고, 연락할 데 연락하고, 좀 쉬다가 챙겨서 나가야죠, 죽음을 향해서.

처음 그를 만났을 땐 자신감 넘치는 젊은 예술가라 생각했다. 마지막으로 만났을 땐 그에 대해 한참 모른다는 생각이 들었다. "내가 최고니까"라고 스스럼없이 말할 수 있기까지 그는 스스로에게 끊임없이 질문을 던져 왔다. 모든 질문에 거침없이 답하던 그가 혼자만 알고 싶다며 말하지 않은 것이 하나 있다. '살면서 가장 후회되는 일'이다. 돌아오는 길에 내 인생에서 가장 후회되는 일을 떠올렸다. 다르게 살 용기가 없어 놓친 몇몇 순간들이 스쳤다. 이제라도 수박 투구가 필요했다.

HOW
do
I look?

너 오늘 그렇게 입고 나갈 거니 공연 있다며?
내 옷이 왜요? 너무 꾸미면 난 느끼해서 싫고
섹시한 건 생각보다 쉽죠.

Shopping & Styling

2015년 11월 1일 악스 코리아에서 열린 단독 콘서트에서 빈지노는 비즈빔 Ma-1 재킷과 언더커버 디스트로이드 블랙 진, 앤 드뮐미스터의 집업 앵클부츠를 매치했다. 'The Color'의 노랫말처럼 심플하면서 섹시했다.

빈지노는 스타일리스트가 없다. 어릴 때부터 옷을 사고 꾸미는 걸 즐겼다. 전형적인 힙합 룩을 탈피한 자연스럽고 트렌디한 스타일은 데뷔 초부터 눈길을 끌었다. '남자 친구에게 입히고 싶은' 패션 센스 덕에 빈지노는 '남친짤'의 대명사가 되었다.

요즘은 대부분의 쇼핑을 여행이나 공연차 해외에 나갔을 때 한다. 디자이너 성향이 강한 명품보다는 일본 스트리트 브랜드를 선호한다. 평상시 마음에 둔 아이템을 찾기보다 매장에서 보이는 것들 위주로 충동구매 한다. 국내에선 좋아하는 브랜드의 옷을 사기 쉽지 않아 청담동, 압구정동의 편집숍과 갤러리아 백화점 명품관을 찾는다. 이베이를 통해 빈티지 아이템을 '득템'하는 것도 낙이다. 농구 저지와 디즈니 야구 모자 등 특이한 아이템을 선호한다.

옷을 입을 땐 날씨, 장소, 기분에 따라 그날의 콘셉트를 정한다. 아이디어가 떠오르지 않거나 생각한 스타일이 막상 별로일 땐 옷 입는 데 시간이 오래 걸린다. 시간에 쫓겨 마음에 들지 않게 입은 날은 종일 마음이 편치 않다.

빈지노 스타일링의 기본은 담백함이다. 루즈한 핏의 재킷으로 포인트를 주고 아래는 타이트하게 떨어지도록 입는다. 올겨울 가장 추천하고 싶은 아이템은 부츠다. 요즘은 운동화보다 부츠를 즐겨 신는다. 가장 좋아하는 색은 흰색이다. 갈색 바지는 흙처럼 탑탑한 느낌이 들어 싫어한다. 문신이나 염색은 진부한 느낌이 들어 안 한다.

잘 땐 티셔츠에 속옷 차림이다. 몸이 너무 두꺼워지는 건 원치 않아 운동은 적당히 한다. 빈지노가 스스로 밝힌 키와 몸무게는 180센티미터, 72킬로그램이다.

Brand

빈지노는 요즘 가장 선호하는 브랜드로 언더커버와 비즈빔, 그리고 앤 드뮐미스터를 꼽았다. 인터뷰와 단독 콘서트에서 입은 의상과 액세서리 대부분이 위의 브랜드다. 이 외에도 빈지노는 요지 야마모토 벨트, 라프 시몬스 비니, 언유즈드 데님 셔츠, 오프화이트 티셔츠, 베이프 스니커즈를 착용했다. 슈프림도 즐겨 입는다. 그가 선호하는 대부분의 브랜드는 심플하면서도 디테일을 통해 세련됨을 추구하는 것이 특징이다.

언더커버Undercover 1990년 일본 디자이너 준 타카하시와 베이프의 창립자 니고가 함께 설립한 브랜드다. 젊은 층의 열광적인 반응에 힘입어 2003년 파리 패션 위크에 진출했다. 슈프림, 나이키, 꼼 데 가르송과도 협업을 진행했다. 펑키하면서도 아방가르드한 느낌의 스트리트 패션을 추구한다. 전체적으로 화려한 느낌은 아니지만 초현실적인 프린팅으로 포인트를 주는 브랜드 특징이 빈지노 스타일과 잘 맞는다. 요즘 메는 백팩도 언더커버 제품이다.

비즈빔Visvim 2000년 나카무라 히로키에 의해 설립된 일본 스트리트 브랜드다. 실험 정신과 장인 정신을 고루 갖췄다는 평가를 받는다. 튀지 않는 색감과 빈티지한 디자인이 특징이다. 파란색 파스텔 톤의 데님 셔츠와 재킷이 유명하다. 카니예 웨스트가 신어 화제가 된 비즈빔의 가죽 부츠는 원주민들이 신었던 모카신에 영감을 받아 제작한 신발 라인 FBT 제품이다. 미국의 싱어송라이터 존 메이어를 공식 협찬한다.

앤 드뮐미스터Ann Demeulemeester 미니멀리즘을 추구하는 벨기에 디자이너 앤 드뮐미스터가 설립한 브랜드다. 로커이자 시인인 친구 패티 스미스에게 영감을 받아 디자인했다. 비대칭적 구조와 블랙 톤의 심플한 디자인이 특징이다. 여성복과 남성복의 경계를 넘나드는 양성적 느낌의 옷들이 많다. 샤넬의 수석 디자이너 칼 라거펠트는 앤 드뮐미스터를 "젊은 디자이너 중 가장 재능 있다"고 평했다. 빈지노는 이 브랜드의 신발 라인을 좋아한다.

요지 야마모토

오프 화이트

언더커버

베이프

테오필러스 런던

에이셉 라키

엠아이에이

루카 사바트

Style Icon

빈지노는 스타일이 마음에 드는 인물로 테오필러스 런던, 에이셉 라키, 엠아이에이, 루카 사바트를 꼽았다. 18세 모델인 루카 사바트를 제외하고는 모두 힙합 뮤지션이다.

테오필러스 런던Theophilus London 뉴욕 브루클린 출신의 힙합, 알앤비 뮤지션이다. 일반적인 래퍼 이미지와는 거리가 멀다. 중절모와 단색 정장을 즐겨 입으며 레더 재킷과 스키니진에 에어 조던을 매치한 스타일링도 자주 선보인다. 브랜드 서페이스 투 에어와 협업해 항공 재킷을 디자인하기도 했다. 2015년 파리 패션 위크 샤넬 쇼에 핑크색 페도라와 빨간색 샤넬 니트, 검정 가죽 바지를 입고 참석해 화제를 모았다.

에이셉 라키A$AP ROCKY 뉴욕 할렘 출신의 래퍼로 에이셉 라키라는 이름 자체가 하나의 트렌드다. 현재 유행하고 있는 대부분의 스트리트 브랜드는 그가 입어 화제가 된 것들이다. 단정한 발렌시아가 셔츠에 스냅백을 쓰거나 가죽 바지에 밍크코트를 걸치기도 한다. 패션 위크나 시상식에 참석할 때는 말끔하게 정장을 소화하는 등 스타일링의 폭이 넓다. 2015년 《GQ》가 선정한 '올해의 가장 스타일리시한 남자Most stylish man of the year' 리스트에 이름을 올렸다.

엠아이에이M.I.A. 뮤지션이자 비주얼 아티스트, 영상 제작자다. 힙합부터 월드 뮤직까지 모든 장르를 아우르는 음악을 한다. 스타일도 인도풍 전통 의상에서 스트리트 패션까지 과감한 믹스 앤 매치를 즐긴다. 화려한 패턴의 옷과 골드 액세서리를 세련되게 소화한다.

루카 사바트Luka Sabatt 97년생으로 스타일리스트이자 모델이다. 스키니한 스트리트 패션을 추구한다. 카니예 웨스트와 아디다스 오리지널이 협업한 'Yeezy Season 1' 콜렉션 런웨이에 모델로 섰다. 미국 뮤지션 스크릴렉스와 친하다. 그를 통해 만난 투애니원의 씨엘과도 가까이 지낸다.

The Quiett
illionaire gang

2011년 1월 1일 더 콰이엇과 도끼는 '일리네어 레코즈' 설립을 공식 발표했다. 빈지노가 합류한 뒤 멤버 셋이 함께 작업한 〈11:11〉 앨범의 수록곡 '11:11'은 11시 11분에 공개했고, 매년 11월 11일마다 열리는 '일리네어 데이' 콘서트의 입장료는 11111원이다. 도끼와 더 콰이엇의 인스타그램 팔로잉 숫자는 111에 멈춰 있다. 공교롭게도 11월 11일에 더 콰이엇을 만나 인터뷰했다.

최근 이사했다는 일리네어의 사무실에서 그를 기다렸다. 여의도 야경이 한눈에 내려다보이는 주상 복합 건물의 펜트하우스다. 더 콰이엇은 건너편에 있는 집에서 막 넘어오는 중이었다. 그는 한국 언더그라운드 힙합의 부흥을 이끈 소울컴퍼니를 성공적으로 이끌었고, 일리네어로 힙합이 더 이상 배고픈 음악이 아님을 증명한 자수성가의 아이콘이다. 한국 힙합의 변곡점에는 언제나 더 콰이엇의 이름이 맨 앞줄에 있었다. 빈지노는 그를 '사부'라고 부른다.

마침 '일리네어 데이'네요. 오늘은 왜 공연 안 하셨어요? 웬만하면 하는데 요즘엔 셋 다 너무 바빠서. 최근까지 행사 러시에다 도끼는 미국에 가 있고, 저는 예비군 했고, 암튼 좀 바쁜 일이 많은 주라서 못했어요. 원칙적으로는 매년 하려고 하는 행사예요. 콘서트라기보다는 팬들과 나누는 이벤트인데 타이밍이 좋지가 않았네요.

5년 만에 정규 앨범을 내셨어요. 올해로 데뷔 10년 차를 맞았는데 뭘 보여 주고 싶었나요? 데뷔 10년 차 앨범이라고 더 특수하지는 않아요. 저는 앨범을 낼 때마다 그때그때 제 상황이나 생각들을 담았어요. 아무래도 오랜만에 내는 앨범이다 보니까 앨범 한 장에 다양한 스타일의 곡들이 있지 않나 싶어요.

피트 록, 제이크 원 같은 유명 프로듀서들과 작업하셨는데. 둘 다 제가 굉장히 어렸을 때부터 좋아하던 프로듀서들이에요. 제이크 원은 5년 전에 작업을 같이 할 기회가 있었어요. 그때 관계를 잘 맺어서 이번에 한 번 더 하게 됐고, 피트 록은 제가 너무 좋아했던 올드 스쿨 힙합 프로듀서라 이런 날이 올 줄은 몰랐죠. 잠시 잊고 살다가 이번 앨범을 구상하면서 지금이라면 그 사람과 작업할 수 있겠다 싶었어요. 워낙 대단한 사람이라 저도 어느 정도 커리어가 쌓여야만 그림이 완벽할 거라고 생각했거든요.

우상 같은 분과 실제로 작업을 해 보니까 어떠셨어요? 곡 작업이 의외로 단순하게 이뤄질 때가 많아요. 그냥 곡을 받아서 고르고, 제가 작업해서 들려주고. 만나서 하는 게 아니라 온라인상에서 이뤄졌어요. 그래도 감회는 있었죠. 아, 이런 날도 오는구나, 약간 이런 거.

또 함께 작업하고 싶은 아티스트가 있나요? 너무 많아서… 거의 전부가 될 수 있을 것 같아요. 제가 듣던 흑인 음악 장르의 많은 뮤지션들이 다 저의 영웅이었으니까요. 저는 힙합, 알앤비, 재즈 할 것 없이 거의 모든 스타일의 음악을 가리지 않고 계속 들어 왔고 지금도 마찬가지예요. 제가 CD를 많이 모아요. 어떻게 보면 뮤지션이지만 음악의 팬으로 살아온 거죠, 긴 시간을.

요즘도 음악을 CD로 듣나요? 맞아요. 물론 컴퓨터로 듣는 일이 많기는 한데, 제가 오디오 취미가 있어서 감상 장비를 비싼 것들을 사요. 스피커나 CD 플레이어나. 돈이 많이 들긴 하지만 제가 좋아하는 일이니까 음악 감상에 돈을 많이 쓰는 편이에요.

힙합에 꽂힌 계기는 뭐였어요? 퍼프 대디의 〈No Way Out〉이란 앨범이 있어요. 그 앨범을 시작으로 힙합을 진지하게 듣게 됐죠.

열일곱 살 때부터 습작을 하셨다고. 그때부터 가사도 쓰고 곡도 만들어 보고 그랬죠.

더 콰이엇이란 이름은 그때부터 쓴 건가요? 네. 고1 때였는데 별뜻은 없었어요. 그냥 랩 네임을 지어야겠는데 그때 마침 나오고 있던 음악이 맙딥의 'Quiet Storm'이었어요. 좋아하던 노래였는데 콰이엇 스톰은 너무 기니까 콰이엇만 따서 쓴 거예요.

근데 대학은 왜 신문방송학과로 진학했어요? 음대 가시지 않고. 당시 제가 지원할 수 있는 수시 모집이 그거밖에 없었어요. 전 사실 신방과가 뭐하는 곳인지도 몰랐어요. 대학에 갈 마음이 없던 학생이라서.

그럼 그때부터 음악으로 먹고살 생각을 했던 거예요? 네. 마스터플랜 같은 데 다니면서 나름 아마추어 힙합 씬에서는 활발하게 활동하고 있었어요. 그땐 너무 어려서 직업에 대한 생각은 없었고, 음악이 너무 재밌으니까 평생 이걸 해야겠다고 마음먹은 상태였죠. 유명해지든 아니든, 돈을 적게 벌든 많이 벌든 음악을 해야지. 무슨 일이 있어도 꼭 해야지. 그랬죠.

예전 인터뷰에서 '언더그라운드란 실력, 마인드, 광기'라고 하셨어요. 음악을 시작할 때 이 세 가지를 다 갖추고 있다고 생각했나요? 그렇게 믿고 있었죠. 하하. 소위 말하는 대중적이지 않은 힙합, 랩 음악은 돈이 되기는 힘들다고 많이들 얘기했으니까요. 그런 측면에서의 마인드였던 것 같아요. '나는 상관없어. 그렇게 생각하지 않아. 실제로 그렇다고 해도 불안 없어, 왜냐면 하고 싶은 걸 하는 데 의의가 있으니까.' 이런 거였죠.

광기는? 그건 모든 일에 필수적인 부분이라 생각해요. 사람들이 보기에 '미친 거 아니야?' 싶을 정도로 뭔가에 매진하고 밀어붙여야만 일이 이뤄지는 거죠.

소울컴퍼니는 어떻게 만들게 된 건가요? 이번 앨범 가사에 잠깐 등장하는데, 제가 스무 살 때 일본에 처음 갔어요. 처음 나가 본 외국이었죠. 다 거대해 보였어요. 당시 일본 음악계가 호황이었고, 특히 힙합 음악의 인기가 진짜 대단했거든요. 그래서 도쿄라는 도시, 시부야 거리가 온통 힙합이었어요. 레코드 가게나 클럽들을 견학하면서 자극을 엄청 많이 받았어요. 한국에 가면 뭐라도 해 봐야겠다, 마음을 먹고 들어왔죠.

당시 언더에서 소울컴퍼니만큼 성공한 힙합 레이블이 없었잖아요. 일리네어까지 성공시켰는데 사업 머리가 비상한 편인가요? 글쎄요, 제가 뭘 사업적으로 접근하는 편은 아니지만 효율을 생각해요. 음악계는 워낙 많은 것들이 개입되어 있으니까, 시스템의 부조리와 무관하게 우리는 우리 식대로 이루어 보자는 생각. 소울컴퍼니가 7년간 존재했지만 한 번도 티브이에 나간 적이 없어요. EBS 〈스페이스 공감〉 빼고는. 뮤직비디오도 거의 안 찍었고, 좀 특이했죠. 그렇지만 저희 방식대로 팬을 얻어 나갔고 틈새를 공략하는 아이디어가 있었어요. 남들이 안 하는 걸 하지만 분명히 사람들이 좋아할 거라는 믿음을 가졌죠. 어떻게 보면 일반적인 기획사나 레이블에서 하지 않는, 되게 심플한 생각으로 해 왔고, 지금도 그렇게 하고 있어요.

소울컴퍼니를 탈퇴하고 일리네어를 만들 때 모델로 삼은 레이블이 있었나요? 당시 미국도 힙합 시장이 많이 변화하고 있었어요. 그래서 레이블로 치자면 '영 머니'나 '메이백 뮤직 그룹' 같은 팀들이 나와서 성공을 하고 있던 때였죠. 아, 그런 시대가 오고 있구나, 우리나라에도 와야 하고, 그걸 내가 해야겠다 싶었어요.

파트너로 왜 도끼를 선택했나요? 도끼와는 오랜 친구였어요. 도끼가 그런 타입의 음악과 레이블 폼을 좋아했어요. 마침 도끼도 레이블이 없었고, 저도 독립을 하려던 상태여서 제안하기가 딱 좋았죠.

두 분이 나이 차도 꽤 나는데 어떻게 친해졌어요? 제가 스물한 살 때 도끼를 만났어요. 어떻게 보면 큰 차이일 수도 있죠. 20대와 10대니까. 사실 열여섯 살짜리를 처음 만나보긴 했어요. 되게 신기한 캐릭터였죠. 저도 어릴 때라 도끼가 없으면 사실 제가 막내였어요. 그런 공감대가 있었던 것 같아요. 사람들이 모이면 둘이 제일 어리니까 저희끼리 알콩달콩하게 노는, 도끼도 저도 삶의 패턴 자체가 단순하거든요. 다들 알다시피 술도 담배도 안 하고. 그러니까 둘이 그냥 음악 얘기하면서 친해진 거죠.

비즈니스 파트너로서 도끼는 어떤가요? 좋아요. 많은 말이 필요 없는 관계라고 해야 할까요. 사람들이 겉으로 보이는 이미지 때문에 도끼를 좀 어려워할 수는 있겠지만 사실 되게 편안한 성격이에요.

처음부터 제3의 멤버를 염두에 둔 건가요? 많은 숫자까진 아니지만 저희가 인정하는 래퍼가 한둘은 있었으면 좋겠다는 생각이었어요. 그 후보 중에 빈지노가 있었고 다른 래퍼들도 몇 명 있었는데, 결국 성사된 건 지노뿐이었죠.

당시 박재범 씨도 일리네어에 들어오고 싶어 했다고. 빈지노는 되고 박재범은 안 되는 이유는 뭔가요? 하하하하. 재범이도 좋은 친구고 특히 저희가 일리네어를 설립하기 직전에 재범이랑 보내는 시간이 굉장히 많았어요. 재범이가 다른 회사와 계약이 끝날 무렵에 저희한테 제안을 했는데, 아무래도 저희 회사의 시스템이나 방향성 면에서 너무 유명인이었어요. 훨씬 큰 콘서트를 해야 하는 사람인 거죠. 영입하기엔 부담스러웠어요. 말하자면 저희는 닭장 안에 있는데 갑자기 독수리가 들어오는 느낌?

그리고 나서 박재범 씨가 만든 AOMG가 굉장히 잘 됐어요. 그렇죠. 잘하고 있는 것 같아요. 재범이가 워낙 인간미가 넘치거든요. 멤버가 많잖아요. 딱 재범이 스타일이죠.

엄청 의리파라고 해야 하나? 사람들을 챙기는 데 아낌이 없어요. 빠른 시간 내 자리를 많이 잡은 것 같아요.

빈지노를 영입할 때 어떤 논리로 설득하셨어요? 막 시작할 때라 많은 걸 내세우진 않았어요. 다만 이 회사에 들어오면 하고 싶은 음악을 방해받지 않고 자유롭게 하면서 돈을 많이 벌 수 있다. 왜냐면 그때 도끼와 제가 가장 잘 버는 래퍼들이었기 때문에 우리처럼 될 수 있고, 더 많이 벌 수도 있다. 우리도 더 많이 벌 예정이다. 그리고 우리는 많이 떼어 가지 않는다. 하하.

일리네어에서 빈지노가 맡은 역할은 뭔가요? 둘과 성향이 약간 다른데. 맞아요. 도끼와 저는 취향도 비슷하고 함께 보낸 시간이 많은데, 지노는 사실 지금도 자주 만나지는 못해요. 그래서 더 재밌는 것 같아요. 지노가 엉뚱한 면이 있어서 가끔 만나면 저렇게 생각할 수 있네, 할 때가 많아요. 또 저희와 다른 음악을 발표할 때 오는 반응들을 보면서 팬들이 이런 걸 좋아하는구나, 많이 배우죠.

빈지노가 첫 정규 앨범 작업 중이잖아요. 들어 보셨어요? 네. 지금 지노가 원하는 실험성을 충분히 담은 앨범이 아닌가 싶어요. 처음 들어 보는 스타일의 곡들이 많아요. 대중의 반응은 항상 미지수예요. 이걸 사람들이 좋아하든 안 하든 저희는 상관없긴 한데 궁금하긴 하죠. 최근에 낸 'Break'도 사실 누가 들어도 생소하게 들릴 수 있는 음악이었어요. 근데 지노는 워낙 그런 걸 좋아하고.

4년 전 처음 들어왔을 때하고 많이 변했나요? 음… 인상은 많이 변한 것 같아요. 3년 전에 찍은 공연 영상을 보는데 지금과 너무 달라서 좀 놀랐거든요. 표정이 되게 어린 아이 같은 거예요. 이 바닥에선 당연한 일이에요. 그 사이에 많은 걸 겪었고 큰 성공이 있었잖아요. 사람으로서 뮤지션으로서 완성되어 가는 과정인 거죠. 성격이나 성향 자체는 여전히 그대로인 것 같아요.

일리네어로 영입하지 않았으면 어떻게 됐을까요? 글쎄요. 알 수 없는 일이지만 지금과 같진 않았겠죠. 왜냐면 저희는 정말로 빈지노를 내버려 뒀거든요. 원하는 걸 하고 싶을 때 하도록. 근데 아무래도 다른 회사에 갔으면 어떤 압박을 받았을 거고, 다른 사람의 기획이 개입됐을 거고. 지금과 같지는 않았을 거라는 생각을 해요.

철썩 같은 믿음이 있었기에 내버려 둔 거겠죠? 네, 그게 저희의 방침이죠. 저도 뮤지션으로서 그게 최상이지 않나 생각해요. 본인의 길에 대한 답은 본인만이 알고 있어요, 저도, 도끼도 마찬가지죠. 그래서 저희는 서로 어느 정도 이상으론 개입을 안 하는 편이에요. 그리고 지노도 워낙 완강한 고집이 있거든요. 본인이 원하는 게 아니면 하고 싶어 하지 않는. 그래서 저도 지노에게 어떤 제안을 할 때 조심스럽게 하는 편이에요.

빈지노가 가사를 닮고 싶은 뮤지션으로 꼽았어요. 본인만의 가사 철학이 있다면? 저는 깔끔하게 쓰는 걸 좋아해요. 가사 정리가 잘 되어 있는 편이죠. 그런 부분이 다른 래퍼들과의 차이점이 아닐까 싶어요.

그럼 거꾸로 빈지노에게 닮고 싶은 부분이 있다면? 많죠. 지노도 가사가 훌륭해요. 그리고 랩 플로우가 뛰어나죠. 과거엔 한국말로 할 수 있는 액센트에 제약이 많다는 논리가 있었는데, 지노가 그걸 세게 부순 사람 중 한 명이에요.

플로우 같은 건 타고나는 건가요? 그런 부분이 좀 있는 것 같아요. 사람마다 말투나 억양이 다르잖아요. 랩에선 그걸 플로우라고 보면 돼요. 안 되는 플로우를 억지로 하는 데엔 한계가 있죠. 타고난 목소리 톤, 액센트, 이런 것들의 결합체니까요.

'연결고리'에서 MC 메타에 대한 존경의 의미를 담았는데요, 더 콰이엇 씨에게 MC 메타는 어떤 존재인가요? 메타형은 제 스승 같은 분이에요. 어렸을 때 형을 가까이 알게 된 건 행운이죠. 직접적인 도움을 줬다기보다는 자극을 주면서 많은 걸 이룰 수 있게 해 줬어요. 그렇게 커 왔지만 지금의 저는 메타 형과 꼭 같은 길을 걷고 있다고 할 수는 없어요. 형은 형의 방식대로 가리온이 갖는 상징성이 있죠. 그래서 저한테는 '연결고리'가 뜻 깊은 곡이었어요. 갈라진 힙합의 트렌드나 세대를 이 곡에서 연결시킬 수 있었다는 게. 제가 존경하는 분과 그런 프로젝트를 성공적으로 할 수 있었다는 건 감사한 일이죠.

보답으로 롤렉스를 사 드렸다고. 네, 사실이에요.

곡이 잘 돼서요? 아뇨. '연결고리'가 많이 알려지기도 전의 일인데요. 곡이 잘 되기 전에도 저희는 굉장히 좋아했어요. 일단 연결고리라는 단어 자체가 메타 형이 아주 옛날부터 프리스타일 랩을 할 때 자주 쓰던 말이었어요. 그래서 힙합 마니아들 사이에선 유행어였죠. 그러다 보니까 이 곡의 많은 지분이 메타 형한테 있다는 생각이었고, 연결고리가 그분의 어떤 아이덴티티였기 때문에 보답을 하고 싶었어요. 무엇이 좋을지 고민하다가 당시 저희 앨범 커버였던 롤렉스 시계를 택한 거죠.

좋아하시던가요? 네. 굉장히 좋아하셨던 것 같아요.

가사에 '멀쩡한 남자도 게이로 만들어 버린다'는 표현이 있어요. 실제로 남성 팬이 더 많아요? 하하. 반반인 것 같아요. 표면적으로 여성 팬들이 더 활발하지만, 남자들이 저희 랩을 굉장히 좋아한다는 느낌을 많이 받아요.

원래도 자아도취가 좀 있는 편인지. 자존감이라고 볼 수 있을 것 같은데요, 누가 어떻게 생각하던 간에 난 옳아, 잘

하고 있어, 최고야, 이런 마인드를 항상 갖고 있죠. 힙합의 근본을 이루는 부분이니까. 그렇다고 매사에 그렇게 살아가는 사람은 아니지만 랩을 할 때만은 그런 래퍼의 태도를 지키는 게 저희한테는 굉장히 중요한 부분이에요.

콤플렉스 같은 건 없나요? 저희도 똑같은 사람이니까 완벽하지 않다는 건 알고 있어요. 살다 보면 많은 한계에 부딪치는데 그런 걸 겸손하게 받아들이려고 하고, 인간으로서 더 나아지려고 하죠.

뭘 물어도 너무 모범 답안이다. 다시 캐물었다.

그래도 마음에 안 들어서 막 뜯어고치고 싶은 게 있을 것 같은데. 사실 어렸을 때부터 치열이 좋지 않은 게 콤플렉스 중 하나였어요. 근데 최근 몇 년 사이에 교정을 했고, 그래서 만족하고 있고. 하하.

동기 부여를 위해서 잔고 없이 쇼핑하는 걸 좋아하신다고. 보통은 그 반대잖아요? 조금 바뀌긴 했어요. 지금은 저희가 버는 돈이 커지고 있고, 굳이 그걸 강박적으로 다 쓸 필

요는 없으니까. 일리네어 초창기엔 지금처럼 일이 많지는 않았지만 그래도 잘 버는 편에 속했죠. 갖고 싶은 게 늘 있었어요. 차나 시계나 옷이나 고가품을 많이 샀죠. 사람들 눈엔 낭비로 보이겠지만 저희는 깊게 생각 안 했어요. 왜냐면 이게 끝이 아니잖아요. 지금 산 시계, 목걸이 이런 걸 걸치고 더 멋진 모습을 보여 주면 더 많이 벌 수 있을 거라는 마인드여서. 오히려 그러면서 두려움을 극복했던 것 같아요. 많은 사람들이 한 푼이라도 더 아끼려고 조마조마해 할 때 우린 뭐 어때, 더 좋은 일이 들어오겠지, 이런 식으로 생각했으니까.

요즘은 어떻게 바뀌었어요? 지금은 그때에 비해 셋 다 훨씬 많은 돈을 벌고 있고, 지난 몇 년간 사고 싶은 건 거의 다 샀어요. 이제 시야를 바꿀 때가 온 것 같아요. 차는 많이 샀으니까 이제 뭐 집을 산다든지 이런 식으로.

언제 비로소 내가 성공했다고 느꼈어요? 전 굉장히 가난한 상태에서 시작했고, 매순간이 성취의 순간이에요. 예를 들면 어렸을 때부터 농구를 되게 좋아했어요. 농구화 갖는 게 소원이어서 하나 사면 그걸 신고 365일을 다니는 거

죠. 이게 빨리 낡으니까 새 농구화가 갖고 싶은데 사지는 못하고. 그래서 돈을 벌고 신발을 정말 많이 샀어요. 신발에 대한 애정, 한이 폭발한 거죠. 최근에 제가 한국 돈으로 3천만 원 정도 하는 에어 조던을 샀어요. 가장 비싼 에어 조던 중 하나예요. 전 좀 싸게 사긴 했지만, 흐흐. 암튼 그런 걸 보면서 옛날 생각이 불현듯 나요. 가사에도 썼어요. '어렸을 땐 신발 하나 갖는 게 소원이었는데 지금은 나이키 가게를 살 수 있다'고. 실제로 살 수 있는지는 모르겠지만 그냥 자신감이죠.

근데 3천만 원짜리 신발을 실제로 신어요? 아뇨. 수집용이죠. 물론 원한다면 신을 수야 있겠지만 너무 귀한 물건이라. 하하.

10년 전 인터뷰에서 뮤지션으로서의 이상향이 '음악으로 돈 벌면서 욕 안 먹는 것'이라고. 요즘은 어떠세요? 그때는 잘 몰랐던 것 같아요. 지금 저희는 잘 벌고 있지만 욕을 피할 순 없거든요. 성공을 하면 당연히 비판이 따르게 돼 있으니까. 목표 이상의 것을 이뤘지만 그 두 가지는 같이 갈 수 없는 부분이 아닌가, 거의 불가능한 것 같아요.

이제 돈 자랑은 할 만큼 하지 않았나요? 몇 년째 하고 계신데. 네, 뭐 그렇죠. 근데 멈추지는 않을 것 같아요. 왜냐면 아직 끝나지 않았거든요. 저희가 얼마나 더 벌 수 있을지, 얼마나 더 성공할 수 있을지 테스트를 해 봐야 하고. 그리고 일단은 지노나 도끼나 저나 자수성가의 어떤 상징으로서 아직 증명할 게 남아 있다고 봐요. 이 정도에서 웬만큼 된 것 같다, 이런 생각은 전혀 안 하고 있어요.

일리네어 멤버 셋을 관통하는 키워드 같은 게 있을까요? 기본적으로 '미스터 인디펜던트'가 아닌가 싶어요. 저희는 일리네어 안에서도 셋 다 자율적으로 판단하고, 결정하고, 각자의 커리어를 쌓아 나가는 사람들이니까.

멤버 둘은 더 콰이엇에게 어떤 존재인가요? 도끼도, 지노도 항상 감사한 사람들이죠. 굉장히 큰 영광이라고 생각해요. 제가 제 음악을 하면서 이런 훌륭한 동료들을 하나도 아니고 둘씩이나 만났다는 건 정말 선물 같은 일이 아닌가. 특히 지노 같은 경우엔 어떻게 보면 정말 아무것도 모를 때 일리네어에 들어와서 꿈을 실현시키고 있으니까요. 그 옆에서 많은 도움을 줄 수 있었다는 것도 되게 고마운 일이에요. 저 스스로한테.

부모 같은 뿌듯함인가요? 네, 굉장히 뿌듯해요. 성장하는 모습을 보면. 어떻게 보면 부모, 형 같은 마음이죠.

더 콰이엇은 〈쇼 미 더 머니3〉에서 "마지막으로 운 게 언제인가"라는 도끼의 질문에 "태어났을 때"라고 말해 수많은 패러디를 낳았다. 마지막 질문으로 다시 한 번 물었다.

마지막으로 운 게 언제예요? 하하하하. 변명을 하자면 사실 그 말을 한 게 기억이 안 나요. 밤샘 촬영을 마친 후에 인터뷰를 해서 맨 정신이 아니었거든요. 무의식적으로 뱉은 것 같아요. 태어났을 때 이후로 울 일이 있긴 있었죠, 그 장면을 엄마랑 같이 봤는데 이러시는 거예요. "그래, 우리 동갑이가 눈물이 없긴 없지." 하하. 그게 더 웃겼어요.

그래서 최근엔 언제 울었어요? 글쎄요. 영화를 보다가 눈물이 날 것 같은 순간이 있긴 했어요. 〈토이 스토리3〉의 끝부분인데요. 이미 본 영화를 일본에서 돌아오는 비행기에서 아이패드로 한 번 더 보는데도 진짜 힘들었어요. 울음 참느라고. 하하. 암튼 뭐 그랬네요.

그는 일리네어 멤버 셋 다 한계를 모르는 사람들이기에 지금의 성취가 가능했다고 말한다. 다음 앨범에는 롤렉스, 벤틀리에 이어 전세기와 빌딩 이름들이 등장할 것 같았다. 이 정도밖에 상상하지 못하는 내 스케일이 아쉬웠다.

I've Always Been
dong-min, han-jun

김한준과 신동민은 빈지노의 앨범 아트워크를 담당하는 아이앱의 멤버이자 빈지노의 10년 지기다. 아이앱이란 이름은 'I've always been'의 앞 글자를 따서 지었다. 언제나 그래 왔고, 앞으로도 계속 그렇게 하자는 뜻이다. 빈지노의 인스타그램에 종종 등장하던 이들은 이번 'Break' 뮤직비디오에 직접 출연까지 했다. 아직까진 사람들이 알아보지 않지만 어디서 만났던 사람인가 하고 착각하는 경우는 더러 있단다. 미술과 음악으로 똘똘 뭉친 빈지노의 절친들을 아이앱 작업실에서 만났다.

M: 작업실을 둘러보니 앤디 워홀의 팩토리가 연상되네요.

김: 저희가 순수 예술을 전공해서 대부분의 작업이 아날로그로 이뤄져요. 매번 카페나 집에 모여서 브레인스토밍을 하다가 우리 공간이 있어야겠다고 생각해서 작업실을 만들기로 했어요.

M: 논현동에 차린 이유가 있나요?

김: 없어요. 적당한 곳을 찾다가 우연히 발견했어요. 예전에는 타이어 창고였대요. 그래서 층고가 되게 높아요.

M: 인테리어 포인트가 있다면?

신: 그런 거 없었던 거 같은데… 제가 빨간색을 좋아해서 빨간색 수납장 2개, 의자, 옷걸이를 가지고 왔는데, 애들이 꼴보기 싫다고 한쪽 구석에 몰아 뒀어요. 하하. 저도 같이 쫓겨나서 문 앞자리를 쓰고 있죠.

M: 작업실엔 자주 나오세요?

김: 정해진 출근 시간은 없지만 매일 나와요. 성빈이도 스케줄 없으면 대부분 여기 있고.

M: 이번 앨범 재킷의 수박 헬멧은 신동민 씨가 만들었다면서요?

신: 혼자 한 건 아니에요. 디자인 구상은 다 같이 하고, 실질적인 형태로 만드는 작업을 주로 제가 해요.

M: 제작 과정에서 어려움은 없었나요?

김: 직접 만들어서 촬영하니까 변수가 많아요. 수박 헬멧도 진짜 수박으로 만든 거예요. 촬영이 끝날 때까지 싱싱함을 유지해야 하는데 막 쪼그라들어서 냉장고에 넣어 놓고 그랬어요. 피제이 앨범 커버에 나오는 쇳덩이도 사실 나무예요. 쇳덩이처럼 보일 때까지 계속 밀고 또 밀었죠.

M: 빈지노 씨가 그러더라고요. 신동민 씨가 대패질한다고 고생이 많았다고.

신: 저는 아이앱에서 머슴 같은 포지션을 맡고 있어요. 제가 그런 걸 좋아해요. 아침 일찍 어디 가서 뭐 사 오는 거.

M: 앨범 커버 외에 다른 개인 작업도 하세요?

김: 설치 미술이나 사진, 디지털 작업을 주로 했어요. 캔버스에 물감으로 그리는 그림도 많이 했고요. 어떤 미술을 하겠다고 선을 긋고 싶진 않아요. 제가 맡은 작업에 가장 잘 맞게 표현하는 것. 거기에 포커스를 맞추려고 해요.

신: 저는 야한 작업을 많이 했어요. 심의 규정을 제대로 준수하면서 어디까지 야할 수 있는지 시험하고 싶었어요. 제도권에서 정의하는 '야함'이 과연 제대로 정의된 것인지도 궁금했고요.

M: 혹시 롤모델이 있어요?

김: 이형구 작가를 좋아해요. 사람이나 동물의 뼈를 연구해 작업하는 분이에요. 내부의 실체를 파악하기 위해 집요하게 파고드는 작가예요.

신: 저는 무라카미 다카시. 제가 생각하는 멋있는 아티스트의 최종 진화 단계예요. 일본이라 성공했을지도 몰라요. 메인 소재가 오타쿠 문화인데, 미술 비평가들 사이에서 평이 안 좋은 작가도 아니에요. 상업적인 면도 똑똑하게 잘 이용하고.

M: 같이 작업하고 싶은 뮤지션이 있다면?

김: 해외 뮤지션 중에 음악은 좋은데 아트워크가 아쉬운 뮤지션이나 새로운 걸 쫓는 사람들. 카니예 웨스트 같은 경우 굉장히 혁신적인 뮤지션이에요. 남들이 안 한 거 좋아하고. 그런 분이 저희랑 잘 맞을 것 같아요.

예술 얘기가 나오자 인터뷰 분위기가 뜨거워졌다. 뭐든 다 말해 줄 것 같은 기세. 이제 학창 시절을 물을 차례였다.

M: 세 분이서 어떻게 만나게 된 건가요?

신: 성빈이랑 저는 서울예고 동창이에요. 학년은 같은데 성빈이가 나이는 한 살 위죠.

김: 저랑 동민이는 성빈이의 소개로 알게 되었어요. 성빈이랑 동민이는 친군데, 저랑 동민이는 형 동생 사이로 만나서 족보가 꼬였죠.

M: 학창 시절에 빈지노 씨 랩 실력이 어땠어요?

김: 그때도 아이디어가 좋았어요. 훅 메이킹을 재치 있게 짰어요. 클럽에 대한 야망을 담은 노래를 만들었는데, 훅이 '월화수목금토 to the 일, 우리에게 없는 공휴 to the 일'이라고. 아, 좀 창피하네요.

신: 지금이야 웃기지만 그땐 심각한 노래였어요.

김: 모든 학생들이 다 따라 부를 정도였죠. 지금의 'Boogie On & On' 같은 느낌?

M: 한준 씨는 고교 시절에 빈지노 씨와 함께 랩 듀오를 결성하셨는데, 그쪽으론 이제 접으신 건가요?

김: 네. 우선 열정이 없어요. 하하. 지금도 음악과 밀접한 삶을 살고 좋아하긴 하지만 미술이 저한테는 더 잘 맞는 옷 같아요.

M: 혹시 신동민 씨는 래핑에 관심이…

신: 저는 박치예요. 듣는 것만 좋아해요.

M: 그럼 노래방도 잘 안 가시겠네요?

신: 진짜 안 가요.

김: 최근에 저한테 영향을 받아서 한 번 갔어요. 제가 노래방 DNA가 좀 있거든요.

M: 가서 뭐 부르셨어요?

신: 신해철 노래 불렀어요.

김: 저는 'Boogie On & On' 불렀어요. 성빈이는 김장훈의 '나와 같다면'을 잘 불러요. 추억이 있는 노랜가 봐요. 감정 몰입을 하더라고요.

M: 노래 부르면서 울진 않았죠?

김: 울진 않았는데 조금 맺히지 않았나. 하하.

M: 학교 다닐 때 빈지노 씨 성적은 어땠어요?

신: 진짜 할 때만 하는 스타일이었어요. 머리가 좋아서 공부를 잘하는 게 아니라 정확하게 흐름을 읽는 거죠. "지금은 안 해도 돼." 그러고는 안 해요. 그러다가 해야 할 타이밍이라고 생각하면 그때 바짝 하니까 결과는 좋죠. 저는 놀지도 않았는데 성적이 별로였고.

M: 하하. 동민 씨도 서울대 가셨잖아요.

신: 그러니까 걔는 재수하고 저는 삼수한 거죠.

M: 그때도 빈지노 씨가 이성한테 인기가 많았나요?

신: 서울예고 탑3 안에는 들었어요.

M: 탑3에 동민 씨도?

신: 저는 그때 14위였죠. 서울예고 남자 14명 중에.

김: 하하. 그래도 동민이가 지금은 인기가 많아요.

신: 그때 저는 먹이 사슬 최하위에 있었어요. 밑에 깔려 있는 풀 같은 존재.

M: 이상형은 서로 비슷한가요?

김: 종족을 나눌 수 있을 정도로 달라요.

신: 진짜 극단적으로 다른 것 같아요. 충돌이 없어요.

김: 성빈이 같은 경우는 … 그냥 느낌? 뭐라고 딱 얘기하기가 어려워요.

신: 자기도 설명 제대로 못할 걸? 그냥 기본적으로 키가 커야 하고 너무 마르면 안 되고 그런 건 있는 것 같아요.

M: 두 분은요?

김: 야무진 타입의 여성분한테 호감을 느껴요. 체구도 좀 작고 귀여운 타입.

신: 전 어릴 때부터 확실한 이상형이 있어요. 예쁜 대학생 누나. 이제 대학생 누나라는 게 있을 수 없게 돼 버리긴 했지만. 하하. 초등학교 때 피아노 선생님 같은? 여성스러운 느낌에 어느 정도의 활력을 갖춘.

M: 아이앱 세 명을 관통하는 키워드가 있다면 뭘까요?

김: 개그 코드? 웃음 포인트가 비슷한 것 같아요.

신: 근데 다른 사람들은 공감을 잘 못해요. 우리 셋만 웃겨서 난리 날 때가 많아요.

M: 다들 개성이 강한데 부딪친 적은 없어요?

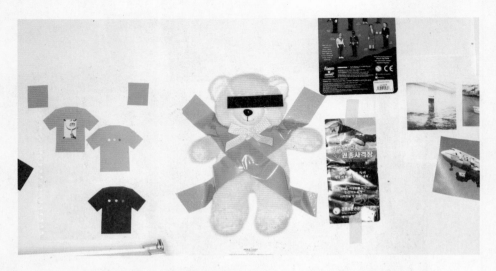

신: 밥 먹을 때 자주 그래요. 입맛이 되게 달라요. 제가 뭐 먹고 싶다고 하면 죽일 듯이 달려들어요.

김: 하하. 동민이는 먹고 나면 입술이 반짝이는 음식을 좋아해서 그래요. 성빈이랑 저는 한식을 좋아하는 편이거든요. 동민이 메뉴를 들으면 항상 '하. 그건 아닌데' 그러죠.

M: 밥은 누가 주로 사요?

김: 아이앱 스튜디오의 경비 절감 차원에서 밥은 항상 성빈이가 삽니다.

M: 빈지노 씨가 통이 큰 편인가요?

김: 아끼는 타입은 아니에요. 쏠 땐 쏘는 친구예요.

신: 정확히 말하면 지갑을 언제 열어야 하는지 아는 타입이죠.

친구 임성빈이 아닌 래퍼 빈지노에 대해 물었다.

M: 빈지노 씨 노래는 자주 들어요?

신: 오늘 출근길에도 들었어요. 〈Up All Night〉 앨범.

김: 자주 듣죠. 근데 앨범 아트워크를 하다 보니까 이미 나온 곡보다 앞으로 나올 곡을 많이 듣는 편인 것 같아요.

M: 빈지노 씨 노래 중에 가장 좋아하는 노래를 꼽자면?

김: 음… 저희 한 30분만 시간을 주실 수 있나요?

신: 되게 어려운 질문인데. 이 질문만 서면으로 답하면 안 될까요?

M: 하하. 설마 없어서 그런 건 아니겠죠?

김: 당연히 아니죠. 최근에 콘서트 하면서 쭉 들었는데, 좋은 노래들이 많아요. 저는 'Dali, Van, Picasso'를 택할게요. 성빈이 음악 인생에 중요한 노래인 것 같고, 사랑도 많이 받았으니까요.

신: 음 … 그럼 저는 'Up All Night'으로 할게요. 그 노랜 남자들의 심장을 관통하는 뭔가가 있어요.

M: 힙합 팬으로서 빈지노 씨를 평가한다면?

김: 아무리 친구라도 노래가 별로였다면 같이 작업 안 했을 거예요. 성빈이의 노래에 좋은 영향을 받기 때문에 함께 작업하는 거죠.

신: 만약 친구가 아니었다면… 개인적인 선호도 면에서 거의 신해철 다음이지 않을까. 되레 친구라서 팬은 아닌 것 같아요. 아니면 광팬이었을 텐데, 친구니까 깨는 것도 보고. 에이 멋있는 척하네, 그러죠. 하하.

M: 신해철 씨를 넘을 순 없을까요?

신: 그러려면 성빈이도 일단 삶을 …

김: 고인이라 마음에 드는 거야?

신: 안타깝기는 하지만 어찌됐건 고인이 되시면서 전설의 반열에 들어가셨으니까.

M: 빈지노 씨에게 배울 점이 있다면?

김: 같이 지내 오면서 느낀 건데, 진짜 진솔한 친구예요. 성빈이가 제게 믿음을 준 만큼 저도 더 솔직해질 수밖에 없고요.

신: 아직 어리지만 한 살씩 나이를 먹으면서 느끼는데, 크든 작든 실수나 실패에 대해서 가족 아니고는 진심으로 괜찮다고 말해 주는 사람이 잘 없는 것 같아요. 근데 성빈이는 어떤 일에도 괜찮다고 하면서 제가 긍정적인 부분을 발견하게 도와줘요.

M: 반대로 고쳐야 할 점이 있다면?

김: 없어요. 뭘 고치라고 하는 건 친구로서 바라는 게 너무 많은 것 아닌가.

신: 나는 있어. 딱 하나 있는데, 단백질 보충제 통을 제때 닦으면 좋겠어. 한번은 뚜껑을 열었는데 냄새가, 어우.

M: 빈지노 씨가 이렇게까지 사랑받을 줄 아셨어요?

신: 네. 제가 느낀 걸 다른 사람도 느낄 거라고 생각했기 때문에 의심은 없었어요.

김: 전 사실 아직 덜 받은 것 같아요. 성빈이가 음악을 만드는 과정을 처음부터 끝까지 지켜보면 알아요. 음악으론 절대 거짓말하지 않거든요. 정말 솔직하게 작업해요.

M: 사람들이 빈지노 씨에 대해 오해하는 게 있다면?

신: 잘생겼다는 것.

M: 하하. 잘생기셨던데요?

신: 오해하고 계신 겁니다. 물론 웃기려고 한 소린데 사실 잘생겨서 그만큼 됐다는 말은 기분 나빠요. 걔가 잘생겨서 여기까지 온 건 아니거든요. 음악이 좋아서죠. 얼굴만으로는 좀 힘들지 않았을까. 사실 그 정도 얼굴은 아니잖아요?

M: 한준 씨가 생각하는 빈지노에 대한 오해는?

김: 뜨고 나서 '음악이 변했다'는 말이 좀 그래요. 당연한 거 아닌가요? 모든 뮤지션들이 마찬가지예요. 각자의 음악 스타일과 레벨에서 업그레이드되고 성숙하는 과정을 거치는데, 왜 변했다고 욕하는지 이해가 안 돼요.

신: 그게 보는 사람의 차이인 것 같아. 보는 사람이 질투가 나면 그건 변한 거고, 질투가 안 나면 그건 변화인거야. 진짜 한 끗 차이.

그들은 세간에서 오해하는 빈지노의 모습에 대해 이야기할 때 가장 진지한 모습을 보였다. 약속한 인터뷰 시간이 얼추 다 되었다. 마지막 질문을 던졌다.

M: 아티스트로서 두 분의 최종 꿈은?

김: 좋은 에너지를 주는 작업을 하고 싶어요. 좋아하는 음악을 들었을 때 느끼는 기분, 그런 만족감을 저는 비주얼로 제공하고 싶어요.

신: 아티스트라는 단어를 쓰는 게 불편한데, 어릴 때부터 지금까지 변하지 않은 생각은 딱 하나예요. 사람들이 내가 뭘 하는 사람인지 또렷이 몰랐으면 좋겠다. 누구는 날 만화 그리는 사람으로 알고, 누구는 놀고먹는 백수로 알아도 좋을 것 같아요. 무슨 작업공인가 생각해도 좋고. 그만큼 여러 가지를 해 보고 싶어요.

김: 그 정도로 알려면 너 정말 많은 걸 해야 할 텐데, 이제 엄청 바빠질 거야. 하하.

M: 진짜 마지막 질문, 나에게 빈지노란?

김: 한 배를 탄 운명 공동체? 하하. 너무 달달한가? 근데 지금까지 함께 해 온 걸 보면 뭔가 인연이 아니고서야 설명이 안 되는 느낌을 받아요. 저는 같은 학교도 아니었고.

신: 성빈이는 좋을 때도 힘이 되지만 안 좋을 때 더 힘이 되는 친구 같아요.

아이앱을 언제까지 할 것 같으냐고 묻자 둘은 내일 당장 끝날 수도 있다며 웃었다. 그들은 인터뷰 내내 서로를 '디스'했지만 질투가 날 만큼 끈끈한 우정이 엿보였다. 집으로 돌아가는 길, 고향에 있는 친구에게 전화를 걸었다.

Playlist

빈지노의 휴대전화 플레이리스트를 열었다.

힙합 음악만 있을 것이란 예상은 보란 듯이 깨졌다.

그가 요즘 가장 즐겨 듣는 네 아티스트의 앨범을 소개한다.

빈지노의 집에는 욕실에 스피커가 있다. 아이폰을 연결해 음악을 듣는다. 욕실은 빈지노가 가장 편안함을 느끼는 공간이다. 욕조 계단에 앉아 노래를 들으면서 과자도 먹고 작업도 한다. 목욕할 때나 옷을 입을 때도 음악이 빠질 수 없다. 장르, 국적을 가리지 않고 메이저와 언더그라운드 음악을 두루 섭렵하며 영감을 얻는다.

요즘 꽂혀 있는 노래는 이상은의 '비밀의 화원'이다. 최근에 후배를 졸라 생일 선물로 앨범을 받기도 했다. 목소리와 감성, 음악도 물론 좋지만 그녀가 걸어가는 삶의 행보에서 많은 영감을 받았다. 1988년 '담다디'로 데뷔해 큰 인기를 누리던 이상은은 돌연 유학을 떠나 대중의 기억에서 멀어졌다. 미국으로 건너간 이상은은 미술 공부를 하면서도 음악을 놓지 않았다. 작가주의 성향이 강한 앨범을 꾸준히 발표했고 2014년 15번째 정규 앨범을 내놨다. 1996년 첫 전시회를 연 이래 틈틈이 화가로서의 삶도 이어 가고 있다. 예술가로서의 정체성을 잃지 않고, 꾸준히 하고 싶은 것을 찾아 떠나는 그녀의 라이프 스타일을 보며 빈지노는 큰 용기와 위안을 얻는다. 콘서트가 열리면 꼭 공연장에 갈 생각이다.

맥 밀러, 골드링크, 라우리의 음악도 즐겨 듣는다. 이 셋은 힙합을 기반으로 하는 뮤지션이지만 정통 힙합 사운드와는 거리가 있다. 소울과 록, 일렉트로닉에서 포크까지 다양한 장르를 접목시켜 자신만의 색깔을 담은 음악을 선보인다. 빈지노가 지향하는 음악 스타일과 상통하는 부분이다.

세 아티스트 모두 90년대에 태어나 어린 나이부터 음악을 시작했다. 맥 밀러는 15세에 데뷔해 18세에 발표한 정규 앨범이 큰 성공을 거뒀다. 93년생 골드링크와 96년생 라우리는 음악 공유 사이트인 '사운드 클라우드'에 자작곡을 올리며 이름을 알렸다. 현재 미국에서 가장 촉망받는 뮤지션들이다.

한편 빈지노는 함께 작업하고 싶은 아티스트로 키드 커디를 꼽았다. 그 역시 장르의 경계를 허무는 음악을 해 왔다. 첫 앨범은 힙합이라기보다는 전자 음악에 가까웠고, 노래를 하는 듯한 독특한 랩 스타일을 선보였다. 2집부터는 록 사운드와의 결합을 시도했다. WZRD라는 록 그룹을 결성하기도 한 키드 커디는 자신만의 음악을 하기 위해 카니예 웨스트의 레이블을 박차고 나갈 정도로 음악관이 뚜렷하다.

빈지노 역시 새 앨범에서 다양한 장르를 접목한 얼터너티브 힙합을 선보일 예정이다. 요즘 그가 듣는 음악을 통해 어렴풋이 힌트를 얻을 수도 있을 것 같다. 그의 플레이리스트에 올라 있는 네 아티스트의 앨범을 소개한다.

맥 밀러Mac Miller_⟨GO:OD AM⟩

맥 밀러의 세 번째 정규 앨범이다. 좋은 아침을 뜻하는 앨범 제목처럼 이전 앨범에 비해 밝은 느낌의 노래가 많다. 어린 나이에 이룬 성공은 슬럼프로 이어졌고, 가까운 친구의 죽음으로 약물 중독에 시달렸다. 두 번째 앨범 ⟨Watching Movies with the Sound Off⟩는 비관적 분위기가 짙었다. 이후 맥 밀러는 떠나간 친구를 기리기 위해 세운 레이블 리멤버 뮤직과 함께 워너 브라더스 레코즈 산하에 들어간다. 안정적인 보금자리를 찾은 그는 음악 작업에만 전념한다. 이번 앨범 가사에서도 미성숙한 면모는 여전하다. 돈, 명예에 대한 찬양, 음란한 성적 판타지를 서슴없이 드러낸다. 그러나 고민거리에 스스로 해답을 찾은 모습이 엿보인다. 맥 밀러의 전속 프로듀서 아이디 랩스뿐 아니라 타일러 더 크리에이터, 선더캣 등이 프로듀서로 참여했다. 음악 평론 사이트 '피치포크'에서 10점 만점에 7.3점을 받았다. 맥 밀러가 18세에 발표한 첫 정규 앨범 ⟨Blue Slide Park⟩는 2011년 하반기 빌보드 200 차트와 알앤비/힙합 차트에서 1위를 기록한 바 있다. 인디펜던트 레이블에서 발표한 신인의 앨범이 빌보드 앨범 차트 1위에 오른 기록은 1995년 더 독 파운드의 ⟨Dogg Food⟩ 이후 두 번째다.

골드링크GoldLink_⟨The God Complex⟩

사운드 클라우드에 올린 녹음 파일로 주목을 받아 18세에 데뷔한 골드링크의 첫 번째 믹스테이프다. 빈지노가 가장 즐겨 듣는 트랙은 'Sober Thoughts'이다. 힙합을 기반으로 일렉트로닉과 댄스, 펑크, 레게 등 다양한 장르를 결합했다. 골드링크는 자신의 음악을 퓨쳐 바운스Future Bounce라고 부르며, 이 장르는 아직 정의되지 않았다고 말한다. 한 장르에 머물지 않고 미지의 장르를 개척하겠다는 방향성이 읽힌다. 그는 신나게 차려 놓은 다채로운 비트 위에서 랩과 노래를 자유로이 넘나든다. 얼핏 댄스 음악을 연상시키기도 하지만 평단과 대중 모두에게서 열광적 반응을 이끌어냈다. ⟨The God Complex⟩는 빗발치는 팬들의 요구에 디럭스 버전으로 전 세계에 정식 발매되기도 했다. 데뷔 1년 만에 골드링크는 첫 번째 정규 앨범 ⟨And After That, We Didn't Talk⟩를 발표한다. 이 앨범 또한 장르적 결합이 특징이다. 그루브 넘치는 사운드로와 달리 가사의 주제가 마냥 가볍지만은 않다. 흑인들의 인권과 인류애를 노래하기도 한다. 골드링크는 미국의 힙합 전문지 《XXL》에서 선정하는 'XXL 2015 Freshman'의 한 명으로 꼽혔다.

라우리Raury_〈Indigo Child〉

빈지노가 아이앱 작업실에서 멤버들과 함께 즐겨 듣는 앨범이다. 2014년에 발표된 믹스테이프로, 열아홉 살 신예 래퍼 라우리의 데뷔작이다. 라우리 역시 얼터너티브가 힙합 씬의 주류로 떠오르는 흐름에서 등장한 아티스트다. 라임에 충실한 랩과 샘플링으로 힙합적인 요소를 가지고 가면서도 일렉트로닉, 알앤비, 인디 포크의 감성을 과감하게 버무렸다. 어쿠스틱 기타에 간결한 보컬을 얹어 특유의 몽환적인 분위기를 만들어 낸다. 라우리의 랩은 미국 힙합 그룹 아웃캐스트의 래퍼 안드레3000을 연상시키기도 한다. 최근에 등장한 아티스트 중 재능이 가장 뛰어나다는 평을 받는다. 어린 나이임에도 라우리는 세계에 대한 진지한 통찰을 통해 사랑, 평화, 우정 등 보편적 가치의 중요성에 대해 노래한다. 피치포크는 이 앨범을 '라우리의 재능을 보여 주는 특별한 청사진'이라고 평했다. 1년 뒤 내놓은 첫 번째 정규 앨범 〈All We Need〉에는 미국의 전설적인 힙합 크루 우탕클랜의 래퍼 RZA와 지적인 가사로 많은 팬을 보유하고 있는 BIG K.R.I.T.가 참여해 화제가 되었다. 라우리 역시 'XXL 2015 Freshman' 중의 한 명이다.

이상은_〈신비체험〉

'비밀의 화원'은 2003년 발표된 이상은의 11집 타이틀곡이다. 따라 부르기 쉬운 멜로디로 일상의 공간이 비밀의 화원이 되는 '신비체험'의 순간을 노래했다. '바람을 타고 날아오르는 새들은 걱정 없이 아름다운 태양 속으로 음표가 되어 나네. 향기 나는 연필로 쓴 일기처럼 숨겨 두었던 마음' 등 서정적인 가사가 감성을 건드린다. 어쿠스틱 사운드가 주를 이루지만 일렉트로닉을 섞거나 북과 피리 같은 전통 악기를 이용하는 등 실험적 면모도 상당하다. 데뷔 초기만 해도 아티스트라기보다 아이돌 느낌이 강했던 이상은은 유학에서 돌아온 뒤 싱어송라이터로 변신했다. 1995년에 발표한 6집 〈공무도하가〉는 고대 가요를 현대적으로 재해석한 음반이다. 평론가들이 뽑은 '한국 대중음악 100대 명반' 10위에 오르며 음악성을 인정받았다. 작년 발표한 15집 〈LuLu〉는 동명의 미국 빈티지 숍에서 영감을 받아 만들었다. 모든 노래를 직접 작사, 작곡, 편곡했으며 홈레코딩을 통해 꾸미지 않은 아날로그적 질감을 표현했다. 타이틀곡 '태양은 가득히'는 꿈을 좇아 살아가는 이들을 위한 따뜻한 응원가다. 음악 외에도 이상은은 미술 전시, 라디오 DJ, 영화 음악 감독 등 다양한 활동을 벌이고 있다.

LYRICS

always awake

힙합계에서 천재로 추앙받는 에미넴은 요즘도 스케줄이 없는 날이면 반나절은 사전을 읽고 반나절은 뉴스를 본다. 고등학교 중퇴 학력에도 불구하고 그의 어휘력과 라임 구성 능력은 언어학자 못지않다. 라임은 전통적 문법에 따른 운율을 뛰어넘어 무의식적으로 만들어 내는 리듬에 가깝다. 이를 자유자재로 사용하는 기술이 래퍼의 역량을 결정한다.

데이터 과학자 매트 다니엘은 힙합 가사와 셰익스피어 희곡에 사용된 단어를 각각 3만 5000개씩 뽑아 독창적인 단어의 수를 비교했다. 그 결과 셰익스피어는 5100개, 래퍼들은 6000여 개를 사용한 것으로 나타났다. 에미넴 같은 래퍼들의 가사를 분석했더니 16세기 시인들보다 산문을 쓰는 능력이 더 탁월한 것으로 나왔다.

빈지노는 열세 살부터 일기장에 가사를 쓰기 시작했다. 영어 가사를 못 알아듣던 어린 시절엔 랩을 악기처럼 들었고, 한국어 랩도 영어 랩처럼 들리도록 플로우를 따라했다. 음절과 음절을 연결할 때 나오는 빈지노만의 스타일과 억양이 특유의 그루브를 만든다. 정교하게 디자인하듯 가사를 쓰지만 수학적 계산은 없다. 글자 자체보다 실제 발음에서 자연스럽게 라임이 배어 나오는 걸 선호하기 때문이다. 빈지노의 라임은 선명하지 않아서 더 귀를 잡아끄는 매력이 있다. 그의 가사 작법 노하우를 살펴본다.

MacBook

모두가 숨죽인 밤, 세상의 기운이 가장 약해졌을 때 빈지노는 맥북의 키보드를 두드린다. 음악이 없이는 감정이 올라오지 않아 글을 쓸 수 없다. 비트를 듣고 분위기에 맞는 플로우를 구상한 뒤 '외계어'로 먼저 랩을 뱉는다. 가이드 녹음은 따로 하지 않는다. 가사를 쓸 때 제약이 많아지기 때문이다. 대략적인 플로우 스케치가 끝나면 이에 맞춰 문장을 채워 나간다.

비트를 들었을 때 딱 떠오르는 느낌을 주제로 잡는다. 가사를 쓸 때는 머릿속으로 그림을 먼저 그린다. '얼룩말 같은 횡단보도'처럼 색감이나 이미지를 구체적으로 묘사하는 식이다. 그래서 '나이키 슈즈'를 들면 민트 색 나이키 슈즈를 신고 네이비 색을 메고 회색 콘크리트 위를 걷는 수채화 같은 풍경이 펼쳐진다. 라임을 위해 평소에 안 쓰던 어휘를 쓰진 않는다. 초창기에는 시도해 봤지만 억지로 단어를 끼워 맞추는 건 재미가 없었다. 자연스러움이 우선이다.

Story

가사의 소재는 예나 지금이나 전부 일상에서 가져온다. 〈Life's Like〉나 〈24:26〉 앨범에서는 주로 이상형, 클러빙, 연애사, 꿈에 대한 열정과 포부 등 그 나이 때의 얘기를 썼다. 20대 후반이 된 지금은 더 이상 캠퍼스 풍경을 노래할 수도 없고, 여유가 생기면서 시야도 넓어졌다. 그때와 비교했을 때 감수성이나 연애 감정이 더 메말랐다고 생각하지는 않는다. 예전엔 누군가를 만나 느낀 설렘이나 그리움 등을 다이렉트하게 표현했다면 요즘은 거기서 영감을 얻어 다르게 풀어낼 뿐이다.

대중의 관심과 비판에 따른 스트레스도 늘었다. 최근 가사는 그런 데서 오는 답답함을 많이 담았다. 빈지노는 '변했다'는 일부 팬들의 비판을 크게 개의치 않는 편이다. 변하지 않는 게 더 문제가 있다고 여긴다. 그러나 마냥 듣고만 있는 성격은 아니다. 'Break'를 쓴 날은 그런 응어리가 폭발한 날이었다. 폭발하는 감정을 소화할 비트가 없어 한참을 찾다가 월-이에게 전화를 걸었다. 갖고 있는 걸 있는 대로 보내달라고 했고 그중에 'Break'의 비트가 있었다. 친구들을 PC방에 보낸 뒤 두 시간 동안 작업했다.

Idea

소재는 뻔해도 아무나 생각하지 못하는 방식으로 풀어내는 게 빈지노의 강점이다.

누가 어디서 했던 얘기라는 생각이 들거나, 보통 사람들이 이렇게 접근하겠다 싶은 건 일단 피하고 본다. 이러한 '청개구리론'에 입각해 생각을 정리하고 실마리를 찾는다.

재미난 주제가 떠오르지 않을 땐 서점을 찾기도 한다. 읽기만 해도 장면을 떠오르게 하는 글쟁이들의 문장은 아이디어 창고다. 한 권을 다 읽기보다는 영감을 훔쳐오는 '도둑 심리'로 책을 본다. 예전엔 이석원 작가의 산문과 알랭 드 보통의 소설을 즐겨 읽었다. 최근엔 여자 친구가 강력 추천한 론다 번의 《시크릿》에 푹 빠져 있다. 상상하면 이루어진다는 간단한 공감이 지금까지의 경험에 비춰 깊게 와 닿았다. 하지만 작가가 될 생각은 없다. 비트에 맞춰서만 글을 써 왔고, 음악이 없는 글에는 관심이 없다.

Aqua Man

빈지노의 가사 중 탁월한 은유와 재치가 돋보이는 'Aqua Man'도 주제를 잡기까지 며칠간 머리를 싸맸다. 〈24:26〉 앨범 중 가장 마지막으로 작업한 노래다. 프로듀서 진보의 비트가 마음에 들었고, 여자와 관련된 귀여운 느낌이었으면 좋겠다고 생각했다. 카페에 앉아 책을 뒤적이기도 하고, 여러 사람들에게 괜히 문자를 보내기도 했다. 그렇게 느낌을 잡아 가다가 집에 오는 길에 '어장 관리'라는 키워드가 머리를 스쳤다. 그날 밤 가사를 완성했다.

100퍼센트 경험에서 우러난 이야기는 아니다. 그러나 마음에 드는 여자와 연락할 때 상대가 나를 좋아하는지 아닌지 헷갈려 하는 보편적인 감정은 당연히 느껴 본 적이 있다. 그때의 기분을 떠올리며 비트의 분위기에 맞게 풀었다.

Best

빈지노는 지금 들어도 잘 썼다고 생각하는 곡으로 브라운브레스 컴필레이션 앨범에 수록된 'Relation'과 프라이머리 앨범에 피처링으로 참여한 '멀어'를 꼽았다. 가사 스타일이 많이 바뀐 지금도 이 노래들을 들으면 옛 친구들, 연인과의 이별 등 당시의 감상이 떠오른다. 그러나 단 한 곡을 꼽자면 단연 재지팩트 시절 쓴 'Always Awake'다. 그 가사가 지금의 빈지노를 있게 한, 현재도 지켜 오고 있는 정신이라고 믿는다. 가사를 닮고 싶은 부분이 있는 뮤지션은 이센스와 더 콰이엇이다.

입사한 지 100일이 지났다. 매일 왕복 세 시간을 버스에서 보낸다. 다행히 우리 회사의 출근 시간은 오전 10시. 그러나 직장인을 피하면 대학생, 대학생을 피하면 아줌마 부대가 나타난다. 앉기는커녕 서서 갈 자리도 없다. 불특정 다수를 향한 울분이 쌓여만 갔다. 어떻게든 풀어야 했다. 홍대입구역 1번 출구에서 도보로 5분 거리에 있는 실용 음악 학원을 찾았다. '거리의 시인들'의 멤버 블리스가 나에게 랩 속성 과외를 해 주기로 했다. 나는 그를 랩 티처, 줄여서 '랩T'라고 부르기로 했다.

작은 강의실에 마주 보고 앉아 수업을 시작했다. 일대일 맞춤형 교육답게 실력 점검을 먼저 하기로 했다. 랩T는 노트북을 켜고 *믹서와 연결했다. *FL스튜디오를 실행한 뒤 내게 마이크를 건넸다.

랩 나도 나도 해!

자신 있게 마이크를 받아 들었다. 이날을 위해 그동안 갈고닦은 곡이 있었다. 빈지노가 피처링한 프라이머리의 '멀어'였다. *인스가 이어지고 속으로 박자를 타다가 '배가 고파서'부터 시작했다. 처음 만난 사람 앞에서 랩을 하려니 몹시 부끄러웠다. 1절까지 부르고 녹음 파일을 함께 들었다. 랩T는 내 상태를 이렇게 진단했다.

"음치도 아니고 박치도 아니에요. 근데 발성이 엉망이에요. 이런 식으로 공연하면 앞에 앉은 사람 귀에 하나도 안 들려요. 지금보다 열 배는 크게 소리를 질러야 돼요. 그래도 뭐, 래퍼가 꿈이 아니시니까 다행이죠."

사실 내 귀엔 잘 들렸다. 국어책 읽는 초등학생처럼 들려서 마음에 들진 않았지만, 같은 노래만 반복해 들었던 지난 며칠이 나를 비웃었다. 라이브 무대에서는 발성이 가장 중요하다고 랩T는 거듭 강조했다.

"공연장에 공연을 보러 갔다고 칩시다. 세 사람이 랩을 해요. 이센스처럼 랩을 정말 잘하는 사람, 목소리가 엄청 크고 발성이 좋은 사람, 가사를 기가 막히게 잘 쓰는 사람. 공연 끝나고 집에 돌아오면 누가 기억날까요? 당연히 목소리 큰 사람입니다."

일반적인 공연장에서 사용하는 마이크는 다이내믹 마이크, 일명 노래방 마이크다. 그래서 발성이 더욱 중요하다. 음악 소리와 환호성에 묻히지 않고 관객에게 가사를 전달하려면 일단 빽 내질러 귀에 꽂히게 해야 한다. 이어지는 랩T의 부연.

"녹음실 부스에 설치된 마이크 봤죠? 그게 콘덴서 마이크예요. 음질이 정말 좋죠. 그런 걸로 녹음만 하는 버릇을 들이면 '스튜디오MC'라고, 라이브를 전혀 못하는 래퍼가 돼요. 우린 그런 애들은 래퍼로 안 쳐주죠."

짤막한 이론 수업을 마치고 다시 녹음을 재개했다. 랩T는 '더 크게'를 연거푸 외쳤다. 나는 점점 크게 소리쳤다. 작은 강의실이 쩌렁쩌렁 울렸다. 오늘 아침 코앞에서 야멸치게 문 닫고 떠난 152번 버스를 떠올렸다. 성대가 활짝 열리더니 나도 모르게 꽥꽥 소리를 질렀다. 이번엔 칭찬을 받을 수 있을까.

"잘했어요. 파형이 증폭된 게 확연히 보이죠? 근데 그렇게 생목으로 부르면 한 곡 부르고 목 나가."

랩T 말대로 목이 벌써 따끔거렸다. 스튜디오MC 과정을 배울 걸 그랬다.

"복식 호흡 들어 봤죠? 단전으로 호흡을 해야 목이 안 상해요. 갈비뼈와 배 사이에 삼각형이 있다면 꼭짓점이 아니라 밑변이 꽉 차도록 숨을 들이쉬고 힘을 주는 거예요."

간단해 보여도 의식하고 하지 않으면 쉽지 않다. 복식 호흡은 단기간에 습득되지 않아서 꾸준한 연습이 필요하다. 랩T의 지시에 따라 배에 손을 올리고, 어깨를 펴고, 정면을 응시했다. 배를 꽉 채우는 느낌으로, 코로 숨을 들이쉬고 내쉬었다. "아! 아!" 배를 북처럼 튕기며 소리를 냈다. 랩T는 다시 녹음 버튼을 눌렀다.

내 노래는 들리지, Like 파바로티

여섯 번을 더 부른 뒤 오케이 사인을 받았다. 랩T도 나도 100퍼센트 흡족하진 않았지만 배울 건 많은데 시간은 적

어서 적당히 넘어가기로 합의했다. 그럴 때마다 랩T는 "래퍼가 꿈이 아니시니까"라고 했다.

이번엔 방금 녹음한 파일에 '더블링' 작업을 할 차례였다. 라임이 들어가는 부분을 여러 번 겹쳐 녹음해서 보다 입체적으로 들리게 하는 작업이다. 래퍼들은 공연할 때 더블링된 MR을 틀어서 목소리를 풍성하게 연출하기도 하고, 힘들 땐 살짝 쉬어 가기도 한다.

랩T가 더블링 작업을 할 부분을 표시해 줬다.

'나오는 길 / 타오르지 / 싸울 듯이 / 마음은 없지 / 몰라도 / 놀랐어 / 걷다 보니까 / 더 갔어'

이런 식으로 포인트를 줄 라임만 골라 다시 녹음했다. 속으로 랩을 따라 부르다가 표시된 부분이 나오면 소리 내어 불렀다. 한번에 이어서 부르는 것보다 더 어려웠다. 가사를 까먹거나 박자를 놓치기 일쑤였다. 가만히 있을 랩T가 아니었다.

"정박보다 자꾸 느리게 들어가네요. 박자가 약간 밀리는 건 기술적으로 허용되긴 해요. '레이백'이라고 뒤로 끌듯 들어가는 건데, 진득진득하고 섹시한 느낌을 주기 때문에 일부러 그렇게 부르기도 해요. '슬로우 잼'이란 음악 장르가 있어요. 남자와 여자가 사랑을 나눌 때 듣기 좋은 음악인데, 레이백 되는 박자가 많죠."

그렇다면 정박보다 빨리 들어가는 것도 고도의 기술이라 우길 수 있을까.

"그런 건 없어요. 그건 그냥 틀린 거야."

더블링 작업을 마치고 다음 과정으로 넘어갔다. 랩T는 화이트보드를 지우며 다시 말했다.

"래퍼가 꿈이 아니시니까."

나도 이제 내 가사를 써, I'm a new Flow-er.

래퍼가 꿈은 아니지만 내 가사를 쓰고 싶었다. 래퍼라면 자기 곡의 가사는 자기가 쓰는 것이 원칙이다. 도전하는 김에 제대로 한번 해 보고 싶었다. 가사 작법과 플로우 구성 방법에 대해 물었다. 랩T의 명강의를 간략히 정리하면 다음과 같다.

작사를 하려면 먼저 얘기할 거리를 생각해야 한다. 사랑이나 우정, 일상 등 원하는 주제를 정하고, 디스를 할지 찬양을 할지 서사적 묘사를 할지 등 대략적 구성을 잡는다. 그런 다음 핵심 키워드를 뽑는다. 연상되는 단어들을 마구 써 보는 거다. 비트를 계속 들으면서 하는 게 중요하다.

단어를 나열할 때는 라임을 고려해야 한다. 쉽게 말하자면 라임은 운율이다. 두운, 요운, 각운 등 국어 시간에 배운 지식을 총동원해 시를 쓰듯 라임을 맞춘다. 랩 가사의 거의

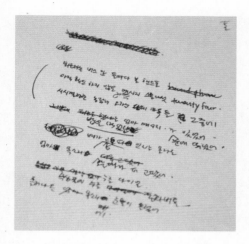

대부분이 끝말을 맞추는 각운을 쓴다. 가장 쉬운 방법이기 때문이다.

'show me the money / you need a mommy like Bobby / 지담아 절대 대본 없는 진실? / 귀담아 들을 수 없어 I wanna 노모 / 짜고 치는 show로 대중을 홀려.'

랩T는 최근에 본인이 쓴 가사를 화이트보드에 적더니 하나씩 설명했다.

"식상한 표현은 자제하고 언어유희를 하는 거예요. 최근에 '쇼 미 더 머니'라는 곡을 썼는데 그 방송을 디스하는 곡이거든. 그러면 방송 제목에서 단어를 따와야겠죠. 그래서 'show me the money'가 당연히 들어가요. 'Bobby'란 말도 나왔는데 'money'와 'bobby'가 라임이 맞죠. 또 '육지담'이라는 여고생 래퍼가 나왔는데 별명이 '힙합 밀당녀'였어요. 이런 단어들을 뽑아서 가사를 쓴 거죠."

라임은 이제 좀 알겠는데 플로우는 여전히 아리송했다.

"래퍼들이 각자 가지고 있는 개성이라고 생각하면 돼요. 같은 가사를 줘도 래퍼들이 소화하는 게 다 달라요. 〈무한도전〉에서 정준하가 쓴 랩을 빈지노가 할 때, 도끼가 할 때, GD가 할 때 다 달랐잖아요. 바로 그거예요."

그럼 요즘 유행하는 플로우 스타일은 뭘까.

"키스 에이프라고 랩을 아주 못 알아듣게 하는 친구가 있는데, 최근에는 그런 게 유행인 것 같아요."

작년에는 일리네어의 '연결고리'처럼 두 음절씩 끊어서 랩을 하는 것이 히트였다고 한다.

"저녁 일곱 시 퇴근하는 버스 안 / 천이백 원을 주고 탄 버스는 꼭 만원어치 / 마치 싸울 듯이 들이미는 엉덩이들은 / 다 하나같이 서로 비킬 마음은 없지 / 상명대 mid-term 대체 언제까지야? / 가방을 둘러 멘 꼬부기들이 넘쳤어 / 모처럼 쟁취한 칼퇴 but 이건 무슨 사태 / 피곤해 나도 좀 앉아서 집 가고파."

나는 '멀어'의 비트를 틀고, 랩T의 가르침을 되새기며, 가사를 썼다. 요즘 나의 최대 관심사는 출퇴근이 한산한 시간대를 찾는 것이다. 어제 저녁 퇴근길을 떠올렸다. 자리가 나지 않는 버스, 가방을 둘러멘 대학생들을 생각했다. 라임을 일일이 따지려니 쉽지 않았지만 약간의 통쾌함도 있었다. 가사에 오해는 없었으면 좋겠다. 그들에겐 나도 싸울 듯이 들이미는 엉덩이들 중 하나일 테니까. 상명대학교 학생들 힘내요!

수업을 마치고 집으로 돌아가는 전철 안. 이어폰을 귀에 꽂았다. 흘러나오는 모든 노래가 내 얘기 같다. 유리창에 비친 나를 멍하니 보고 있자니 내 얼굴은 아빠의 얼굴도 되었다가 엄마의 얼굴도 되었다. 이럴 때 가사를 쓰나 보다. 지금 내 귀에 흐르는 노래는 '3호선 매봉역'이다.

---

*믹서
　두 가지 이상의 음원을 하나의 음으로 합치는 기계 장치
*П스튜디오
　작곡은 물론 믹싱, 마스터링까지 가능한 디지털 오디오 워크스테이션
*인스
　Instrumental의 약자. 보컬없이 비트만으로 구성된 음원

코리아뮤직센터(옛 슈퍼보컬아카데미)
취미반과 입시/오디션반을 따로 개설해 운영하고 있다.
서울시 마포구 동교로 181. 동경빌딩 2~4층, 5층
TEL 02-2605-7784

빈지노는 잊어라. 도끼도 잊고 더 콰이엇도 잊어라. 장차 대한민국 힙합 씬을 접수할 힙합 꿈나무 신재관 군(18)을 홍대 앞에서 만났다. 랩 네임은 렉텔프Rehctelf. 영화 〈위플래쉬〉에 나오는 플렛처 교수에게 감명을 받아서 스펠링을 거꾸로 돌렸단다. 범상치 않은 외모에 교포 느낌의 느릿한 말투, 솔직하다 못해 거침없는 입담. 힙합 냄새가 폴폴 풍겼다. 우리는 통성명하고 찻집 한구석에 앉았다.

힙합이 뭐라고 생각해요? 솔직한 음악이죠. 아이돌 가수가 방송에 나와서 말하다가 삑삑 소리가 나거나 가운뎃손가락을 뻗는다면 문제가 되겠지만, 힙합은 예외라고 생각해요. 거만하게 다리 꼬고 앉아 있어도 태도 논란도 안 생기고.

간단히 말하면 멋대로 행동하는 게 힙합이다? 자기 가사와 행동이 일치한다는 얘기죠. 꾸밈없이 솔직히 말하되 남들이 공감할 수 있도록 잘 풀어내는 게 힙합이죠. 무턱대고 나쁘게 굴면 힙합이 아니라 개판이죠.

친구들과 노래방에 가도 랩만 합니까? 그럼요. 랩만 하죠.

발라드는 아예 안 불러요? 힙합 정신답게 솔직하게. 아니 뭐, 옛 추억을 살려서 어릴 적에 좋아하던 SG워너비 노래를 한두 곡 부르긴 해요. 근데 요즘은 발라드를 진짜 안 들어요. 힙합과 발라드는 곡의 구성부터 다르니까요.

그래도 여자 아이돌은 좋아하죠? 그것도 관심 없어요. 그룹 이름도 모르고. 티브이을 잘 안 봐요. 〈무한도전〉 빼고는 다 재미가 없더라고요.

〈언프리티 랩스타2〉는요? 2회까지 보다가 안 봤어요. 이번 시즌은 너무 재미가 없어서. 인터넷에 떠도는 동영상을 가끔씩 봤는데 가사가 너무 유치하더라고요.

어떤 가사요? 그 아이돌 누구더라… 효린인가? 자기가 아픔을 안아 주겠다면서 자기한테 와라. 뭐 이런 가사였는데, 실제로 가면 안아 주지도 않을 거면서 유치하게.

힙합은 언제부터 했어요? 실은 제가 열일곱 살 때 학교를 그만뒀어요. 부모님한테는 음악을 하고 싶다고 했는데, 솔직히 핑계죠. 음악을 빌미로 더 놀려고 했어요. 그땐 힙합에 대한 사명감 같은 건 없었어요.

랩 학원에 다니고 있다면서요? 지금 학원은 7개월째 다니고 있어요. 그 전에는 어반보이라는 래퍼한테 배웠어요. 보컬 트레이너한테 발성 교정도 몇 달 받은 적 있고요.

힙합은 저항 정신인데 굳이 학원까지 다니면서 배워야 합니까? 랩보다 정신적인 걸 많이 배워요. 음악 외적으로도 성장할 수 있죠. 그리고 제 또래 애들은 학교 다니는데 저만 아무것도 안 하면 남들이 안 좋게 보니까요. 놀려고 자퇴한 거 아니다. 이런 걸 보여 주려고 다녔어요. 그러면서 검정고시도 준비했고요.

검정고시에 합격한 신재관 군은 내년 3월 한국방송예술교육진흥원 힙합과에 입학한다. 남들보다 학창 시절이 짧았지만 대학 입학은 1년 빠른 셈이다.

오디션 프로그램에는 안 나갑니까? 〈쇼 미 더 머니4〉에 나간 적 있어요.

거기서 못 본 거 같은데. 1차 예선에서 버벌진트 형 앞에서 탈락했어요. 주변에 래퍼 7천 명이 서 있고, 카메라도 대여섯 대가 도니까 잘 안된 것 같아요.

버벌진트가 심사평으로 뭐라던가요? 다른 분들한테는 심사평을 하셨는데, 저한테는 그냥 '잘 들었습니다.' 하고 지

나갔어요.

왜 재관 씨한테만 그랬을까요? 제가 너무 싸가지가 없었나 봐요.

그 정도로 싸가지 없어 보이진 않는데. 아니, 그게 사실 학원 선생님이 전략적으로 싸가지 없는 콘셉트를 잡으라고 하셨는데, 제가 너무 싸가지 없게 했나 싶기도 하고.

선생님의 예측이 완전히 빗나갔군요. 그런 셈이죠.

선생님이 랩은 잘합니까? 잘하시죠.

얼마나 잘해요? 메이저 래퍼로 치자면. 최자 정도는 하시는 것 같아요.

최자가 어느 정돈데요? 메이저에서 중간 정도 되죠. 최자가 랩을 잘한다고는 생각 안 해서.

그럼 빈지노는 어느 정돕니까? 생각해 본 적이 없는데… 저는 언더그라운드나 올드 스쿨 래퍼들한테 관심이 많거든요. 근데 주변 친구들이나 형 얘기를 들으면 빈지노 노래는 다들 좋다고 그래요.

힙합 가수치고 너무 모범생 이미지 아니에요? 빈지노가 뭐 자기가 잘 생기고 싶어서 잘 생긴 것도 아니고, 솔직히 힙합이랑 외모는 아무 상관이 없다고 생각해요.

만약에 대형 기획사에서 데뷔시켜 주는 조건으로 발라드 가수를 하라고 하면 어떻게 할 거예요? 절대 안 하죠.

연습생 기간 없이 바로 데뷔하는데? 그래도 안 해요. 전 힙합 할 거예요. 그리고 누구 아래에 있기도 싫어요.

힙합을 하더라도 결국엔 어떤 레이블에 들어갈 거 아닙니까? 저만의 포부가 있어요. 내년에 대학에 간다고는 했지만, 실은 군대를 먼저 갈 거예요. 유급지원병으로 입대하면 15개월을 더 복무하는 대신 2300만 원 가량을 지원받아요. 전역하자마자 그 돈으로 친구들이랑 레이블을 세울 계획이에요. 지금 함께할 친구들을 모으고 있어요.

혹시 레이블 이름도 정했어요? WM이에요. West Moon이란 뜻이죠. 사람들이 '내일은 해가 서쪽에서 뜨겠네'란 말은 자주 해도, '달이 서쪽에서 뜨겠네'란 말은 안 하잖아요. 저희는 완벽히 다른 색깔의 음악을 보여 줄 거라 그렇게 지었어요.

완벽히 다른 음악이라면? 요즘은 회사마다 콘셉트가 확실해요. 발라드면 발라드, 보컬이면 보컬인데 저희는 회사 앨범을 내고 10곡을 수록한다면 3곡은 힙합, 3곡은 발라드, 나머지 4곡 중 2곡은 생 힙합에 발라드를 깔고, 다른 2곡은 생 발라드에 강한 랩을 넣고. 이렇게 할 생각이에요.

프리스타일 랩도 합니까? 잘하진 못해요. 하지만 래퍼라면 모두 프리스타일을 할 수는 있죠.

그럼 한번 들려주세요. 지금 기분에 대해. 잠깐 생각 좀 하고요… 그럼, 할게요. '오늘 처음 만난 사람들과 하는 얘긴데 / 술자리 가서도 이런 얘긴 잘 안 해 / 근데 내가 뱉는 얘기들 중…' 여기까지만 할게요. 잘 안 된 것 같아요.

근데 래퍼들은 부끄럼을 안 타나요? 초면에 랩한다는 게 참… 내향적인 래퍼들도 많아요. 매드 클라운도 엄청 소심하거든요.

래퍼들은 문신이나 피어싱을 왜 합니까? 세게 보이려고? 문신이란 자기 몸에 영원히 남는 그림을 그리는 거예요.

문신을 보면서 새길 때 먹은 마음을 잃지 말라는 거죠. 아프니까 더 기억에 남잖아요. 저도 팔에 몇 개 있어요.

양팔에 다 했어요? 원래는 왼쪽 가슴부터 팔 끝까지 투팍 노래 가사로 채우려고 했어요. 근데 사기당해서 숨기고 다녀요. 아는 사람한테 110만 원 내고 받았는데 중간에 연락이 끊겼어요. 큰 그림은 하루 만에 완성할 수 없으니까 나눠서 하는데 어느 날부턴가 연락이 안 돼요.

그럼 빨리 마저 그려야겠네요. 채우긴 해야 하는데 저는 청소년이니까 돈도 많지 않고 그래서… 근데 경찰의 늑장 대응이 엄청 심해요. 석 달 전에 신고했는데 지금까지 연락 한 통 없어요. 어쩌다 오후에 전화하면 제 담당 수사관은 맨날 퇴근했다고 하고.

문신 사기 사건에 대한 노래를 만들 수도 있겠네요. 페이스북에 제가 쓴 곡을 올리면 가족들도 보니까 그 얘기는 별로 안 좋아할 것 같아요. 전 아직 청소년이고… 그래도 재미 삼아 써 보긴 했어요.

가사는 보통 언제 씁니까? 주로 새벽에 써요. 새벽이 되면 가사가 저절로 떠올라요. 컴퓨터를 켜고 비트를 선택한 다음에 무한 반복하면서 노트패드 프로그램에 써요.

지금까지 몇 곡이나 썼어요? 미완성곡이 많은데 그거까지 합하면 100곡은 넘어요. 남들보다 가사를 빨리 쓰는 편이에요. 한 곡에 하루를 안 넘겨요. 어렸을 땐 시인이 꿈이었어요. 자퇴하기 전까지는 백일장에도 계속 나갔고요.

소개할 만한 자작곡이 있다면? '내가 그 꼬마를 죽였어'라는 노래가 있어요. 훅 두 개가 그걸 계속 반복하는 거예요. 가사가 좀 충격적인데 속뜻은 이래요. 예전에 제 별명이 이중인격자였어요. 랩 콘셉트도 그런 거예요. 내면을 부수고 다시 태어난다는 뜻이죠.

래퍼로서 첫 인터뷰인데 꼭 하고 싶은 얘기가 있습니까? 예술가에게는 실력보다 자부심이 더 중요한 것 같아요. 제가 지금 힙합 씬에 나가면 까고 싶은 래퍼들이 있어요. MC 그리가 저랑 동갑인데 확실히 까 버리면… 아니, 아예 한 번 만나서 얘기를 하고 싶어요. 투니버스 같은 데 나와서 귀여운 척은 다 하다가 노래로는 센 척하니까. 힙합 정신에 맞지 않죠. 가사와 행동이 일치해야죠.

그래도 첫 공식 인터뷰인데 누구를 까고 싶다는 건 좀… 예술가에겐 자부심이 중요하다는 얘기예요. 얼마 전에 씨 잼이 '신기루'를 내고 인터뷰를 했는데, 거기에 스윙스가 씨잼한테 했다는 얘기가 실렸어요. 네가 예술가로서 자부심을 가지고 있다면 네가 잘하고 있는지 생각하기보다 네가 오늘 행동했는지를 생각하라는. 이 말이 감명 깊었어요. 그래서 다른 사람한테도 들려주고 싶어요.

〈쇼 미 더 머니5〉에 나갈 겁니까? 네. 이번엔 우승해야죠.

오디션이 언제쯤 열리죠? 아마 내년 7월쯤일 것 같아요.

그땐 군대에 있지 않아요? 당연히 휴가를 나와야죠.

군복 입고 가면 예선 통과는 무난하겠는데요? 예전에 슈퍼스타K에도 현역 군인이 나와서 인기를 끌었는데. 근데 이번에 〈쇼 미 더 머니4〉 1차 예선 갔을 때 군복 입은 사람이 몇 보였는데, 티브이엔 아예 나오지도 않더라고요. 그래도 전 3초 정도 나왔는데.

신재관 군이 우승한다면 그의 첫 공식 인터뷰가 실린 우리 잡지의 과월호를 찾는 팬들이 많을 것이다. 나는 그의 우승을 그보다 더 기원한다.

REFERENCE

김봉현, 《힙합: 블랙은 어떻게 세계를 점령했는가》, 글항아리, 2014.

김영대 · 김봉현, 《힙합, 우리 시대의 클래식: 힙합30년, 명반50》, 한울, 2008.

김영대 외, 《한국 힙합: 열정의 발자취》, 한울, 2008.

잭 오말리 그린버그(김봉현 · 김영대 譯), 《제이지 스토리》, 시드페이퍼, 2011.

힙합엘이, 《아메리칸 힙합1》, 휴먼카인드북스, 2015.

힙합엘이, 《아메리칸 힙합2》, 휴먼카인드북스, 2015.

강일권, 〈한국 힙합, 왕좌의 게임〉, 《아레나》, 2014. 8.

강일권, 〈힙합 가라사대〉, 《아레나》, 2015. 8.

김보라, 〈순정 마초들과 '도덕'적 만남〉, 《ELLE》, 2014. 11.

유지성, 〈이센스는 취하지 않았다〉, 《GQ》, 2014. 9.

김금영, 〈문화-공연문화 넘보는 힙합 PART1. "나도 잘 나갈 수 있어"〉, 《CNB저널》, 2015. 10. 29.

김예나, 〈인터뷰, 래퍼 딥플로우 "비스메이져(VMC), 세대를 이어가는 레이블 되길"〉, 《bnt뉴스》, 2015. 4. 20.

김지혜, 〈신비체험〉, 《IZM》, 2003. 3.

남성훈, 〈힙합의 성지를 가다 : HUSH HIPHOP TOURS〉, 《리드머》, 2010. 10. 25.

이기창, 〈언더그라운드 품은 YG〉, 《매일경제》, 2015. 10. 29.

이윤지, 〈마이크로닷, 형 도끼 2013년 수입 내역 공개 '4억 9435만원' SNS인증〉, 《전자신문》, 2015. 10. 17.

뉴미디어팀, 〈도끼, 힙합 시작하게 된 계기가 미군 삼촌 덕분?〉, 《스포츠서울》, 2015. 9. 5.

서동욱, 〈버벌진트, 다시 하드해진다… 'King of Flow'의 귀환〉, 《아주경제》, 2015. 11. 13.

여수정, 〈M+기획…'산하레이블'(1)하이그라운드부터 로엔트리 등 … 갈수록 '증가'〉, 《MBN》, 2015. 10. 27.

이예영, 〈실용성을 추구하는 벨기에의 해체주의 디자이너 앤 드뮐미스터〉, 《네이버캐스트》, 2012. 11.

이재훈, 〈오아시스 · 나스 · 신디로퍼, 다시 들어도 대단하네…베테랑들 데뷔앨범〉, 《뉴시스》, 2014. 4. 10.

전민석 · 황선업, 〈딥플로우, 당신이 TV에서 보지 못한 진짜 힙합〉, 《IZM》, 2015. 5. 26.

정진영, 〈힙합이 대세? '다듀'는 원래 잘했어〉, 《더팩트》, 2015. 11. 20.

조성민, 〈Mac Miller – GO:OD AM〉, 《리드머》, 2015. 10. 28.

최나영, 〈버벌진트, 브랜뉴 뮤직 독립 레이블 설립한다〉, 《OSEN》, 2015. 11. 10.

황두하, 〈GoldLink – And After That, We Didn't Talk〉, 《리드머》, 2015. 11.

황두하, 〈All We Need〉, 《리드머》, 2015. 10. 26.

Patricia, 〈Did You Know That Eminem Would Spend Hours Studying The Dictionary Every Night Just So He Could …〉, 《FACTS WT》, 2013. 10. 23.

SUBSCRIPTION

**HUMAN
DISCOVERY MAGAZINE**

**monograph No. 1
Choi Hyun Seok**

모노그래프 창간호에서는 최현석 셰프를 만났습니다. 그는 차가운 파스타를 비롯해 1000개가 넘는 창작 요리를 만들어 '크레이지 셰프'로 불립니다. 허세 넘치는 몸짓과 표정으로 요리해 '허셰프'라는 별명도 있습니다. 그는 해외 유학파가 즐비한 이탈리아 요리 분야에서 보기 드문 고졸 출신의 국내파 셰프입니다. 1995년 이탈리안 레스토랑 '라쿠치나'에 들어가 2004년 메인 셰프가 되었고, 2010년부터 '엘본 더 테이블'의 총괄 셰프를 맡고 있습니다. 모노그래프 매거진은 그의 집과 일터를 오가며 그간 털어놓지 않았던 이야기들을 잔뜩 캤습니다. 셰프의 세계와 최현석의 모든 것을 코스 요리로 만납니다.

정기 구독 안내 정기구독을 하시면 정가의 10% 할인 및 행사 초청 등의 혜택을 받으실 수 있습니다. 구독 기간 중 저희 출판사에서 발행되는 단행본 한 권을 함께 보내드립니다. 아래 계좌로 구독료를 입금하신 뒤 전화나 메일로 도서를 받으실 주소와 이름, 연락처를 알려주십시오. 결제일 기준으로 다음 호부터 잡지가 발송됩니다.

• 1년 70,200원(10% 할인) • 1년 6회 발행(짝수 달)
• 신한은행 100-030-351440 • 예금주 (주)스리체어스
• 구독 문의 02-396-6266 CONTACT@BIOGRAPHYMAGAZINE.KR

monograph

#02 / Beenzino

Publisher
이연대 Lee Yeondae

Editor in chief
김혜진 Kim Hyejin

Editors
박세정 Park Sejung 정용 Jeong Yong 허설 Huh Seol

Designer
이주미 Lee Jumi
Photographers
박준석 Park Junseok 김지호 Kim Jiho
Illustrator
김인엽 Kim Inyeop

Executive advisor
손현우 Son Hyunwoo

Thanks
김규완 Kim Gyuwan 김근호 Kim Geunho
김세윤 Kim Seyun 김연숙 Kim Yeonsuk
김윤성 Kim Yunseong 남성훈 Nam Seonghun
백승용 Baek Seungyong 심중선 Sim Jungsun
유지혜 Yoo Jihye 이정용 Lee Jungyong
전교선 Jeon Gyoseon 전선혜 Jeon Seonhye
정현주 Jeong Hyeonju 편승환 Pyeon Seunghwan

Distribution (주)날개물류
Printing (주)스크린그래픽
Publishing (주)스리체어스

도서등록번호 종로 마00080
출판등록일 2015년 8월 25일
발행일 2015년 12월 8일 초판 1쇄
         2015년 12월 30일 초판 2쇄

ISSN 2465-7867
ISBN 979-11-953258-9-4 / 979-11-953258-6-3 (세트)